El Carnaval de Cádiz:
un periodismo cantado

Anna Cristini

EL CARNAVAL DE CÁDIZ

UN PERIODISMO CANTADO

LIBERA
EDITORIAL

LA AUTORA

Anna Cristini nace en 1992 en Venecia. En 2013 llega a Cádiz gracias a una beca Erasmus y decide quedarse a vivir en Andalucía. Se gradúa en 2015 en Ciencias de la Comunicación y actualmente trabaja como editora, escritora y diseñadora gráfica. En 2021 se muda a Málaga, pero cuando puede vuelve a su querida Caleta para no perderse ni una sola puesta de sol. Cuando no trabaja, escucha música rock y toca el ukelele eléctrico.

Título original: *El Carnaval de Cádiz: un periodismo cantado*
de Anna Cristini
Primera edición en esta presentación: Marzo 2022
Codigo editorial: LE–001
Cubierta y gráfica: LÍBERA EDITORIAL
En portada: Coro 'El batallón Fletilla' 2017
ISBN: 9788418561306

©2022, LÍBERA EDITORIAL | Calle Rosa 27, 11002 Cádiz
www.liberaeditorial.com

Y cuando la Caleta,
sonaba en una letra,
ella se bautizaba caletera
y conoce la Viña,
como si aquella niña,
en el hospital Mora la parieran.
Escuchando las coplas,
se fue volviendo loca,
por culpa de no haber nacido en Cai.
Y nació, donde fuera la niña nació
y con ella también la afición
por las cosillas más gaditanas.
Te parieron en otra ciudad,
no me vayas a llorar,
que los gaditanos nacen
en donde les da la gana.

Comparsa 'Los Elementos' 2006

Índice

Introducción

Este breve ensayo fue escrito en 2015 por una guiri del Norte de Italia a punto de graduarse en Ciencias de la Comunicación y que necesitaba una excusa para quedarse en Cádiz más de lo establecido. Así que llamó a su tutora preguntándole qué le parecía la idea de escribir una tesis sobre el Carnaval de Cádiz, para luego presentarla frente a un grupo de profesores que posiblemente nunca había oído hablar de *la tacita de plata*. El resultado fue un espectáculo de graduación: la guiri vestida con un traje flamenco, una tarde de marzo, su familia celebrando con pitos de carnaval, y un jurado que ahora ya estaba comprándose un billete de avión para asistir a los carnavales.

Esa guiri luego se quedó a vivir en Cádiz ocho años más, superando a Brad Pitt en el Tibet, y habiéndose ganado ya el título de *guiritana*, a parte del grado en Comunicación, decidió que sería buena idea traducir y publicar su ensayo para un publico más local.

El objetivo de este libro es explicar cómo una forma poco convencional de comunicación de masas, como el Carnaval de Cádiz, puede ser eficaz y entretenida al mismo tiempo.

El primer capítulo presenta el tema, partiendo de sus orígenes históricos, que se remontan a la segunda mitad del siglo XV, cuando las relaciones comerciales con Italia eran muy frecuentes, hasta su evolución más reciente, que proviene, en cambio, de las Antillas, cuando aparecen las coplas, protagonistas de la fiesta.

El segundo capítulo continúa describiendo el núcleo del Carnaval, las agrupaciones, sus textos y su lenguaje, centrándose especialmente en los recursos lingüísticos que los autores utilizan para conseguir el difícil objetivo de la información, crítica y comicidad.

El tercer capítulo analiza con detalle tres agrupaciones que han pasado a la historia del carnaval gaditano: la primera por su descarada crítica a la actualidad andaluza, escrita por el difunto filósofo contemporáneo Juan Carlos Aragón Becerra; la segunda por su fuerte comicidad al relatar un típico día de verano gaditano; y la tercera presenta a una chirigota callejera del último Carnaval pre-pandémico, las Juanis Jolpin.

El cuarto capítulo ilustra las conclusiones alcanzadas, explicando cómo las colpas del Carnaval funcionan como medio de comunicación de masas y como vehículo de cultura.

La obra se completa con una entrevista inédita a Antonio Montiel Sánchez, presidente del Aula de Cultura del Carnaval de Cádiz, quien, tras explicar en qué consiste su importante asociación, ofrece una opinión y un análisis actual del Carnaval y de los temas tratados en esta obra.

Hay muchos *realia* en este ensayo, ya que las letras del Carnaval se caracterizan por tener términos especí ficos que no se pueden traducir o explicar, por lo que la transcripción de los textos de las coplas analizadas se ha reproducido íntegramente, conservando los errores e imprecisiones gramaticales, justificados por la licencia poética de la que gozan las agrupaciones, como se explica en el segundo capítulo.

Buena lectura, salud y Carnaval.

1. Nacimiento y evolución del Carnaval de Cádiz

1.1 Los orígenes

Adentrarse en los orígenes del carnaval requiere una investigación histórico-geográfica que se remonta muy atrás, hasta la Dionysia griega o la Saturnalia romana, celebraciones en las que se disolvían las obligaciones sociales y las jerarquías imperantes. Sin embargo, el carnaval moderno es "un hijo, aunque sea pródigo, del cristianismo[1]". La abstinencia y el ayuno que siempre han caracterizado el periodo de Cuaresma animaban a la gente a regalarse una especie de despedida del celibato, un periodo de desenfado y diversión antes de que las ovejas perdidas volvieran al redil[2].

Cada cultura y país celebra el carnaval de forma diferente, pero en algunas ciudades se considera una auténtica institución, como Venecia, Viareggio, Río de Janeiro y Cádiz. El Carnaval de Cádiz, el más famoso de España aparte del de Tenerife, es hoy en día un carnaval diferente a cualquier otro, que abarca siglos de historia de un pueblo hasta su evolución y configuración actual. Aunque se asemeja a otros carnavales de origen mediterráneo, tiene un doble origen: Cádiz, principal puerto del Imperio Español para las conexiones con América y gracias a su ubicación en el Océano Atlántico, fue en su momento el puente entre la cultura europea e hispanoamericana[3]. En cuanto al origen europeo, el periodo

---

1 Julio CARO BAROJA, *El Carnaval*, Madrid, Alianza Editorial, 2007, p. 22.

2 Marcos ZILBERMANN, *El Carnaval de Cádiz*, Cádiz, Organismo autónomo del Ayuntamiento de Cádiz, 1983, p. 3.

3 *Ivi*, p. 2.

que debe tomarse como referencia es la segunda mitad del siglo XV, con la llegada de comerciantes italianos a la ciudad; existía un vínculo especial con las ciudades portuarias del norte de Italia, especialmente Génova y Venecia, con las que se comerciaba frecuentemente. Fue desde la Serenísima que los gaditanos copiaron algunas de las tradiciones que aún hoy caracterizan al Carnaval, como el uso de antifaces y caretas, o el lanzamiento de confeti. Sin embargo, no existe documentación específica sobre esta época, y la primera referencia al carnaval se encuentra en la obra de Agustín de Horozco de 1591, *Historia de la ciudad de Cádiz*, en la que menciona un "tiempo de las Carnestolendas[4]", es decir, una fiesta popular muy viva y con cierta tradición[5]. Santiago Moreno, junto con José Joaquín Rodríguez y José Marchena, investigadores de la Universidad de Cádiz, creen que sólo se dispone de referencias escritas a partir del siglo XVI, porque probablemente la política de los siglos pasados "hizo desaparecer la documentación de la época, aunque eso no significa que no existiera[6]". Del mismo modo, el Carnaval de los textos y la crítica, tal y como lo conocemos hoy, se remonta a finales del siglo XIX, ya que los primeros textos encontrados son de esa época, pero los investigadores trabajan hoy en la búsqueda de fuentes anteriores, creyendo que las hay hasta un siglo antes[7].

---

4 Agustín DE HOROZCO, *Historia de la ciudad de Cádiz*, Cádiz, Excmo. Ayuntamiento, 1845, p. 173.

5 Alberto RAMOS SANTANA, *El Carnaval secuestrado (o historia del Carnaval)*, Cádiz, Quorum Editores, 2002, pp. 36-37.

6 Sofía SANCHO, "Un Carnaval por descubrir", *ElMundo.es*

7 Entrevista a José Marchena Domínguez, Cádiz, 28 de octubre de 2014.

El siglo XVIII es el que más influye en la personalidad del festival. Cádiz gozaba de un próspero comercio y el carnaval se celebraba como en otras ciudades de Andalucía: juegos de circo, incluido el Palo della cuccagna italiano, disfraces, globos de agua, bailes y otras diversiones. Pero, al mismo tiempo, surge un carnaval italianizante, sobre todo en la alta sociedad, donde las máscaras y la ropa se vuelven lujosas y sofisticadas. También hay que tener en cuenta que en aquella época había en la ciudad un teatro español, un teatro francés y una ópera italiana, donde se representaban obras en las mismas fechas que el carnaval actual. El carnaval gaditano, por tanto, aunque presenta rasgos típicos de la región, goza de una dimensión cosmopolita única en toda España, donde aún hoy la fiesta se celebra de forma clásica y sin influencias particulares[8]. En aquella época, la ciudad era un enorme crisol cultural, con marineros procedentes de todos los rincones del mundo que acudían a sus calles y con esclavos africanos que también aportaban su contribución difundiendo música y ritmos populares y anárquicos por las calles.

La influencia de las Antillas comenzó a sentirse en la segunda mitad del siglo XIX. La Guerra de Cuba, que duró un total de 30 años (1868-1898), hizo que los miles de soldados que regresaban de "la perla de las antillas[9]" difundieran el folclore cubano por toda España. El folclore carnavalesco de las agrupaciones de Cádiz ha heredado mucho de las melodías y timbres que estaban de moda en la época. Hay que recordar el vínculo constante con La Habana: las clases bajas de Cádiz alimentaban a esos barcos llenos de camareros, bujías y marineros.

---

8 Marcos ZILBERMANN, *op. cit., pp. 3-5.*

9 Marcos ZILBERMANN, *op. cit.,* p. 8.

Eran aquellos años en los que los barcos españoles guarnecían las Indias Occidentales y las Filipinas, últimos restos de un gran imperio que se estaba perdiendo. Las flotas de gaditanos se impregnaban de los suaves ritmos de ultramar y los gaditanos se renovaban, año tras año, en esos barcos[10]. Según algunos investigadores, la época que hay que tomar como punto de referencia para la aparición de las letras, el alma del Carnaval actual, es el inicio del siglo XIX, cuando España se enfrentaba a la ocupación francesa y luchaba contra los asedios de las flotas navales inglesas[11].

Los gaditanos encontraron la forma de burlarse de los invasores con su salero: acompañados de tonadillas y sainetes, escritos patrióticos y canciones que se burlaban tanto del enemigo francés como del traidor afrancesado, la gente brindaba con vino y se disfrazaba de las formas más peculiares. Sin duda, los autores de estos textos eran personas instruidas, pero más tarde el mismo pueblo creó su propia versión, que se difundió en las fiestas privadas e incluso en los teatros.

1.2 La aparición de las comparsas

De todas las formas de diversión, las máscaras eran las más queridas por el pueblo: había quienes se disfrazaban solos y quienes lo hacían en compañía, a pie o en las típicas carrozas acompañadas de bandas; estos grupos, que preparaban sus intervenciones cantando, bailando

---

10 Ramón SOLÍS, *Coros y chirigotas*, Madrid, Silex, 1988, p. 21.

11 Santiago MORENO TELLO y José Joaquín RODRÍGUEZ MORENO, "Bromas, burlas e independencia. Algunas aportaciones al estudio del Carnaval en Cádiz durante la época doceañista", en Alberto Ramos Santana e Alberto Romero Ferrer (eds.), *Cambio político y cultura en la España de entresiglos*, Servicio de publicaciones de la Universidad de Cádiz, Cádiz, 2008, p. 53.

y parodiando, comenzaron a llamarse *comparsas*[12]. Existen diferentes opiniones sobre los orígenes de estas últimas, de las que daremos una amplia visión. Las primeras comparsas eran bandas de "negritos" recién liberados de la esclavitud cubana, que llegaban a Cádiz como sirvientes de familias de funcionarios españoles repatriados desde las Antillas, y que cantaban en las calles durante la Navidad para ganar algo de dinero[13].

Ramón Solís documenta las que considera las primeras colpas de este tipo[14]:

> Adónde za el ziquitiyo
> zicla gazapá?
> A donde ezá, a donde ezá
> a donde ezá el ziquillo
> quelemo pleguntá?[15]

> Hágame calle
> quítense, dejen
> qui acuda lu cane
> qui llegue le perri
> y á la salud du niñi
> quítense, dejen
> qui curra, qui brinqui,
> qui salti, qui trepi.[16]

---

12 Alberto RAMOS SANTANA, "Breve historia del Carnaval de Cádiz", en Diario de Cádiz (ed.), *Carnaval en Cádiz*, Cádiz, Federico Joly y Cia. S.A. – Diario de Cádiz, 1993, p. 7.

13 Bartolomé LLOMPART BELLO, *Carnaval en Cádiz*, Cádiz, Caja de ahorros de Cádiz, 1982, pp.12-13.

14 Ramón SOLÍS, *op. cit.*, p. 22.

15 Impreso en Cádiz por Juan Lorenzo Machado, 1660, *apud*: Ramón SOLÍS, *op. cit.*, p. 22.

16 Impreso en Cádiz por Gerónimo de Peralta, 1729, *apud*: Ramón SOLÍS, *op. cit.*, p. 23.

En una revista llamada *La Moda*, en marzo de 1858, Francisco Flores Arenas afirma que el origen de las comparsas se remonta a las familias gaditanas que, dos meses antes del Carnaval, preparaban un espectáculo y luego actuaban en las calles, bares o casas particulares, convirtiéndose en la atracción más esperada. Otros afirman que las comparsas se originaron espontáneamente a partir de amigos o compañeros de trabajo que se reunían para cantar[17].

Las comparsas, junto con las chirigotas, coros y cuartetos, forman las agrupaciones del Carnaval, es decir, grupos de personas que cantan y tocan juntos las letras que han creado. Hoy en día, las agrupaciones son la piedra angular del Carnaval y se caracterizan básicamente

▲ Comparsa "Las Manola", una de las primeras comparsas del carnaval gaditano (1886). Cada comparsa es libre de elegir su propio disfraz, que suele ir acorde con el tema de las coplas.

---

17 Alberto RAMOS SANTANA, "Aproximación a una historia del Carnaval gaditano", en Alberto González Trayano et. al. (eds.), *Carnaval en Cádiz*; Cádiz, Ayuntamiento de Cádiz, 1983, p. 32.

por la acidez, la mordacidad y el espíritu crítico de sus letras[18]. El Carnaval de Cádiz comenzó a ser una fiesta regulada en 1861, cuando el alcalde Juan Valverde propuso que el Ayuntamiento se hiciera cargo de la organización del carnaval. Los poderes establecidos empezaron a darse cuenta de que un carnaval bien gestionado podía ser una buena fuente de dinero para la ciudad.

El primer objetivo era establecer una serie de normas para evitar "actos de licencia y desenfreno", como por ejemplo arrojar agua fétida desde los balcones, y prohibir disfrazarse y cantar canciones que ridiculizaran la religión, los ministros o cualquier otra institución del Estado[19]. La costumbre más popular era el *saquillo*: una bolsa llena de arena y atada a una cuerda con la que se intentaba arrancar los sombreros a los transeúntes desde las terrazas. El informe del Consejo confirmó la intención de controlar la fiesta, pero las prohibiciones y los castigos eran inútiles: nunca podrían erradicar el deseo de transgredir[20]. Sin embargo, el control y la regulación también tuvieron efectos beneficiosos: a partir de entonces hubo un calendario oficial de actos, bailes, fuegos artificiales, música y comparsas. Poco a poco se fueron abandonando los instrumentos cubanos y fue Antonio Rodríguez, *El tío de la Tiza*, quien incorporó instrumentos típicos de la región, como guitarras, laúdes y bandurrias, que forman el actual "tango gaditano" (también

---

18 Ignacio SACALUGA RODRÍGUEZ, "El Carnaval de Cádiz como generador de información, opinión y entretenimiento. Un ejemplo de comunicación masiva", *Historia y Comunicación Social*, Madrid, v. 18, novembre 2013, p. 451.

19 Marcos ZILBERMANN, *op. cit.*, p. 12.

20 Alberto RAMOS SANTANA, "Breve historia del Carnaval de Cádiz", en Diario de Cádiz (ed.), *Carnaval en Cádiz*, Cádiz, Federico Joly y Cia. S.A. – Diario de Cádiz, 1993, p. 10.

llamado tanguillo), género conocido en toda España. A partir de este momento, es imposible hablar del carnaval gaditano sin referirse a las agrupaciones, que durante esos años presentaban letras principalmente políticas y agresivas[21].

▲ Antonio Rodríguez, "El tío de la Tiza", considerado uno de los autores más influyentes del Carnaval. Actualmente en Cádiz hay una plaza dedicada a él en el barrio de la Viña.

---

21 Marcos ZILBERMANN, *op. cit.*, p. 13.

1.3 Una fiesta prohibida

En cuanto a las prohibiciones que siempre buscaron intimidar la fiesta, el precedente se encuentra en 1716, cuando la Corona prohibió los bailes enmascarados. La orden fue desobedecida y, en los patios y en las calles, la gente lanzaba flores para exorcizar la mala suerte. Con el paso de las décadas, los gaditanos adquirieron la costumbre de burlarse de las constantes prohibiciones de las autoridades y el Carnaval llegó al siglo XVIII con cierto esplendor, quizá gracias al carácter irreverente y algo despreocupado del pueblo. Esta hostilidad hacia la fiesta provenía del sentimiento de inseguridad que transmitían las clases bajas, que celebraban bebiendo y creando confusión en las calles[22]. El desorden social siempre fue temido por los gobernantes. El carnaval es una fiesta en la que se invierten los roles sociales, donde los pobres se disfrazan de ricos, los hombres de mujeres y viceversa. En un país católico temeroso de las influencias exteriores, el carnaval era un momento propicio para abrirse a lo que no era posible en otras épocas del año.

Un ejemplo de las limitaciones que el poder ejercía sobre la celebración es el Decreto, fechado en 1808, del Gobernador Militar y Civil de Cádiz, Don Manuel Lapeña, que autoriza la celebración pero indica que está prohibido:

> […]dentro de las propias casas o calles, podrá persona alguna, sea de la clase o condición que fuese, andar con alborotos ni músicas, solos ni en cuadrillas; echar aguas por balcones, ventanas o azoteas [...][23]

22 *Cfr.* con Salvador RODRÍGUEZ BECERRA, "Cultura popular y fiestas", en Michel Drain (ed.), *Los Andaluces*, Madrid, Istmo, 1980, p. 481.

23 Gonzalo BUTRÓN PRIDA, *Absolutismo y represión. El Carnaval en Cádiz en la 2ª restauración fernandina*, Cádiz, Actas del VI Congreso del Carnaval, 1992, p. 405.

De hecho, la gran mayoría de la población eludía las prohibiciones, deseosa de vivir el carnaval en todo su espíritu festivo. El ambiente de libertad que empezó a tomar protagonismo una vez promulgada la Constitución (Cádiz, 19 de marzo de 1812) dejó su huella en la historia del Carnaval, y así lo afirma Alberto Ramos Santana:

> Tengo para mí que la historia del Carnaval es la historia de una lucha por la libertad, o lo que es lo mismo, de una lucha por la supervivencia. Repasar las disposiciones emanadas desde el poder sobre el Carnaval, es leer una larga relación de prohibiciones y cortapisas que tratan de hacer desaparecer, o controlar [...] una manifestación popular que sólo se desarrolla en un marco de libertades públicas[24].

En 1884, el carácter progresivo de protesta y sátira que adquirieron las agrupaciones con el paso del tiempo llevó al alcalde Eudardo Genovés a exigir que todas las comparsas y estudiantinas que quisieran actuar en la calle obtuvieran una licencia municipal[25]. También se estableció una censura previa: cada agrupación tendría que presentar una solicitud dirigida al alcalde, indicando los nombres, apellidos y direcciones de los miembros de la agrupación, con el director de ésta y un representante al frente. La solicitud debía ir acompañada de dos copias del repertorio que se iba a interpretar en la calle, que no debía atentar en modo alguno contra la moral pública. Una vez revisados los textos, el ayuntamiento se quedaba con una copia del repertorio y devolvía la otra, sellada

---

24 Alberto RAMOS SANTANA, *El Carnaval secuestrado (o historia del Carnaval)*, Cádiz, Quorum Editores, 2002, p. 17.

25 Eva María LÓPEZ LOBATO, *Cádiz durante la segunda República. Su reflejo en la coplas de Carnaval*, Cádiz, Fundación Gaditana del Carnaval del Excmo. Ayuntamiento de Cádiz, 1998, p. 10.

y firmada para indicar que había sido aprobada. La copia firmada debía ser conservada por el director de la agrupación, que debía mostrarla a las autoridades cada vez que se le pedía.

1.4 El Carnaval durante la dictadura de Franco

En 1937, a instancias del general Franco, se suprimieron las celebraciones del carnaval por su carácter festivo y no religioso, pero una vez más los gaditanos no hicieron demasiado caso a las instrucciones oficiales y siguieron saliendo a la calle con diversos disfraces, corriendo el riesgo de ser encarcelados. La Iglesia y su estricta disciplina tampoco vieron nunca con buenos ojos esta fiesta caracterizada por los excesos y tan cercana al periodo de Cuaresma, por lo que siempre presionó mucho para eliminarla o restarle importancia, pero los gaditanos nunca lo permitieron.

▲ Chirigota "Los Beatles de Cádiz". En 1965 fueron el grupo más aclamado: fue una forma de homenajear a la banda inglesa en la cima de su éxito en aquellos años. En esta foto se puede ver que están actuando en una peña, escondiéndose de las autoridades que prohibían el Carnaval en esa época.

Durante los años de la dictadura, de 1939 a 1975, la fiesta se trasladó a los baches, pequeños bares y tabernas donde la gente se reunía para cantar coplas antiguas y disfrazarse, para mantener viva la tradición a espaldas de las autoridades. Hubo, sin embargo, algunas excepciones: en 1940 los dirigentes políticos autorizaron un espectáculo, *Brisas de Andalucía*, que tuvo lugar en el Gran Teatro Falla y en el que participó el coro "Batato", un coro veterano y muy popular. Al final del espectáculo el locutor dijo: "Para darle mayor sensación carnavalesca, al aparecer el coro en escena ¡se le arrojarán desde los palcos confetis y serpentinas![26]"

Ese mismo año, el Alto Comisionado de España en Marruecos organizó un espectáculo folclórico andaluz dedicado al flamenco y al carnaval, en el que participaron varios coros. En esta ocasión, sin embargo, los fines propagandísticos del poder establecido durante la guerra tuvieron una presencia masiva en los textos. Si el programa del espectáculo ya presentaba hipocresías, éstas aumentaron cuando la música de los propios coros se utilizó con fines propagandísticos del régimen del 18 de julio. Y si ya era doloroso ver cómo el poder político explotaba una manifestación popular en su propio beneficio mientras impedía que el pueblo se manifestara espontáneamente, lo fue aún más cuando utilizaron tangos gaditanos para glorificar lo que impedía la celebración del carnaval[27].

Muchos gaditanos, que luego se convirtieron en celebridades, asumieron la responsabilidad y el riesgo de mantener vivo el carnaval durante su prohibición. El

---

26 Alberto RAMOS SANTANA, *Historia del Carnaval de Cádiz*; Caja de ahorros de Cádiz, 1985, p. 101.

27 *Ivi*, p. 102.

más famoso fue José Macías Retes[28] que fundó un grupo de valientes bajo el seudónimo carnavalesco de "Piñata gaditana".

Este cantaba en las tiendas de vino en los días clásicos de febrero, pero quiso ir más allá y dar un respiro a la etapa de 'clandestinidad[29]'.

José María Cernuda Calleja, que ocupaba el cargo de delegado de Educación Popular en 1947, relata la anécdota de la "liberalización[30]": dos miembros de la citada agrupación se dirigieron a él para plantearle el tema de la "nostalgia de los viejos carnavales". El asunto se planteó entonces al gobernador Rodríguez de Valcárcel, quien señaló que se estaba intentando establecer una prohibición general a nivel nacional. Pero Cernuda Calleja no se rindió, entre otras cosas porque ese año la explosión de un campo de minas en la ciudad de Cádiz vistió de luto a toda la ciudad, y se necesitaba algo para levantar el ánimo[31].

En agosto de 1948 se celebró la *Velada de los Ángeles*, una feria que ya no se celebra en la actualidad, y se invitó a actuar al grupo de la "Piñata Gaditana". El invitado de honor de la velada era el gobernador Valcárcel, quien, tras presenciar la actuación, declaró que no tenía motivos para mantener una prohibición tan restrictiva y, en

---

28 José Manuel SÁNCHEZ REYES, "Antonio Martín y Macías Retes, nuevas estrellas ante el Falla", *DiarioDeCádiz.es* (consultado el 15 de octubre de 2014).

29 Alberto RAMOS SANTANA, *Historia del Carnaval de Cádiz*, Caja de ahorros de Cádiz, 1985, p. 103.

30 José María CERNUDA CALLEJA, *El gobernador Valcárcel (un trozo de historia de Cádiz)*, Cádiz, [s.n.], 1975, p.16.

31 Antonio BURGOS, "El hombre que salvó el Carnaval", *ABC.es* (consultado el 17 de octubre de 2014).

1949, autorizó la celebración de una *Fiesta de coros* en la que pudieran actuar coros y chirigotas, aunque bajo la estricta censura de la Delegación de Educación Popular y la supervisión vial del alcalde. En cualquier caso, lo que más importaba a las autoridades de control era que la palabra "Carnaval" no apareciera en ninguna ocasión ni en ningún lugar[32]. En la misma línea, los años 50 vieron nacer las típicas fiestas gaditanas, celebraciones con un nombre "disfrazado" para no llamar la atención. Poco a poco, estas celebraciones recuperaron las viejas y queridas costumbres, siempre bajo censura[33]. Se trataba de un Carnaval muy domesticado, controlado y "descafeinado", como dice Ramos Santana, pero que permitió que la tradición no muriera del todo y continuara para las nuevas generaciones[34].

Sin embargo, en 1967 se asestó un nuevo golpe al espíritu carnavalesco; el alcalde Carranza impuso que estas fiestas se celebraran en mayo: el motivo de esta medida era eliminar la referencia temporal al carnaval, pero la razón aducida era que febrero era un mes demasiado lluvioso para celebrar fiestas[35]. La única excepción fue la localidad de Trebujena, situada en el norte de la provincia de Cádiz, donde el carnaval se celebró siempre en febrero, como recuerdan con orgullo sus habitantes.

32 Alberto RAMOS SANTANA, *Historia del Carnaval de Cádiz*, Caja de ahorros de Cádiz, 1985, p. 105.

33 Alberto RAMOS SANTANA, "Breve historia del Carnaval de Cádiz", en Diario de Cádiz (ed.), *Carnaval en Cádiz*, Cádiz, Federico Joly y Cia. S.A. – Diario de Cádiz, 1993, p. 13.

34 Alberto RAMOS SANTANA, *El Carnaval secuestrado (o historia del Carnaval)*, Cádiz, Quorum Editores, 2002, p. 222.

35 Alberto RAMOS SANTANA, "Breve historia del Carnaval de Cádiz", en Diario de Cádiz (ed.), *Carnaval en Cádiz*, Cádiz, Federico Joly y Cia. S.A. – Diario de Cádiz, 1993, p. 13.

Tras la muerte de Franco en 1975, se necesitaron unos dos años para que se restablecieran las libertades públicas, y el 17 de febrero de 1977 el Diario de Cádiz titulaba en primera página: "El Carnaval, autorizado en toda España[36]".

36 Alberto RAMOS SANTANA, *El Carnaval secuestrado (o historia del Carnaval)*, Cádiz, Quorum Editores, 2002, p. 233.

El Carnaval volvió a las calles en febrero, recuperando todo su esplendor[37]. Desde entonces, la fiesta ha evolucionado y sigue atrayendo cada vez más visitantes de toda España y no sólo, deseosos de vivir una fiesta cantada y celebrada en las calles de la maravillosa ciudad de Cádiz y su provincia.

▲ Cartel publicitario de las fiestas típicas gaditanas fechado en 1963; nótese que no se menciona la palabra "carnaval".

---

37 Alberto RAMOS SANTANA, "Breve historia del Carnaval de Cádiz", en Diario de Cádiz (ed.), *Carnaval en Cádiz*, Cádiz, Federico Joly y Cia. S.A. – Diario de Cádiz, 1993, p. 13.

1.5 La última evolución

Aunque el Carnaval actual adquirió personalidad propia a finales del siglo XIX con la incorporación de las agrupaciones y el Concurso Oficial de Agrupaciones Carnavalescas (COAC, celebrado por primera vez en 1898)[38] se considera que la liberalización del carnaval en 1977 fue el inicio de la última evolución. La década de 1980 supuso el éxito indiscutible que llevó a su total diferenciación del resto de carnavales españoles, creando una cultura popular que ahora, más de un siglo después de su nacimiento, atrae el interés de estudiosos y folcloristas[39]. Volviendo a sus fechas tradicionales, se produjo una galopante participación popular a través del nacimiento de las *peñas*, asociaciones de vecinos y entidades destinadas a salvaguardar el Carnaval. En la actualidad, las celebraciones duran más de un mes en total y siguen un programa fijo, con actos diferentes cada día. A principios de enero, se dedican tres días a las degustaciones gastronómicas en los barrios clave de la ciudad, especialmente en el barrio de la Viña: pestiñada, ostionada y erizada; vecinos y turistas se echan a la calle para escuchar las primeras agrupaciones y degustar los dulces típicos, las ostras y los erizos de mar. A continuación, comienza el COAC en el Gran Teatro Falla, el concurso anual de agrupaciones, que repasa la actualidad gaditana, andaluza, española y mundial en clave de humor con coplas y actuaciones.

El COAC se desarrolla en varias etapas: están las selecciones iniciales, las semifinales y las finales, que cuentan con una gran audiencia y son muy populares entre los gaditanos. Cada año, mucha gente quiere asistir al con-

---

38 Entrevista a Felipe Barbosa, Cádiz, 6 de noviembre de 2014.

39 Bartolomé LLOMPART BELLO, *op. cit.*, p. 9.

curso directamente desde el escenario del teatro, pero como esto no es posible, Canal Sur retransmite diariamente las actuaciones, que pueden durar hasta ocho horas en un día[40]. Para dar un ejemplo de la audiencia que genera el COAC, la final de 2013 registró un share del 23,5%, posicionando a la cadena como líder absoluto en la región[41]. La final del concurso abre paso al carnaval callejero: la noche de la final, la gente disfrazada abarrota la plaza del teatro para iniciar las celebraciones.

Al respecto, una observación personal de quien escribe, que asistió a todos los Carnavales desde 2014: hay una clara diferencia entre el carnaval de noche y el de día. En la primera, los protagonistas son los jóvenes, los locales, pero también los cientos de estudiantes Erasmus y turistas que anualmente llenan una pequeña ciudad como Cádiz, a los que (con las debidas excepciones) no les interesa tanto el tema de las agrupaciones como el ambiente de libertad y diversión que genera el Carnaval. Hay que recordar que en España está prohibido beber alcohol en la calle, pero durante el carnaval el principal entretenimiento de los jóvenes es el "botellón", una costumbre ibérica que consiste en preparar botellas de bebidas mezcladas en casa y luego consumirlas en grupo en la calle; a pesar de la gran presencia de autoridades, no es en absoluto una costumbre oculta y, si no hay inconvenientes, no hay riesgo de que te llamen la atención. Esto nos recuerda lo dicho anteriormente: durante el Carnaval de Cádiz no hay ninguna prohibición que impida disfrutar al máximo y todo está permitido. En cuanto al carnaval de día, la música cambia (en todos los sentidos): en las calles abarrotadas la gente está deseando es-

40 Ignacio SACALUGA RODRÍGUEZ, *op. cit.*, pp. 456-457.

41 Anónimo, "Final del Carnaval de Cádiz", *CanalSur.es* (consultado el 3 de octubre de 2014).

cuchar en directo las agrupaciones, que están presentes en toda la ciudad durante unas dos semanas. Desfiles de carros de coros, pregones, fuegos artificiales y discursos de personajes famosos son algunas de las características del programa del Carnaval.

Pero la cosa no acaba ahí: el final oficial de la fiesta, el domingo de la Piñata, que concluye el carnaval con fuegos artificiales desde el Castillo de San Sebastián, tampoco coincide con el verdadero final; de hecho, el fin de semana siguiente se celebra el Carnaval chiquito, para los que aún no se hayan saciado de este maravilloso ambiente. Después de estar prohibido durante muchos años, el Carnaval vuelve a estar en la calle y en manos de quienes lo crearon hace más de un siglo, pero su éxito actual requiere unos costes y una organización diferentes a los de hace cuarenta años[42]. La gente se divierte de una manera diferente que en años anteriores y los turistas, que están dispuestos a pagar para ver este festival, también exigen más.

Ya en 1982 Bartolomé Llompart hablaba de los problemas económicos que supone actualizar y mejorar el carnaval cada año: aunque toda la ciudad se afana en hacer evolucionar la fiesta, año tras año, para que sea cada vez más espectacular, los fondos necesarios son cada vez menores[43]. La situación económica actual de la provincia de Cádiz es una de las peores de España. Sin embargo, los costes no son la única preocupación de los defensores del Carnaval, como afirma Marcos Zilbermann:

> En la actualidad las fiestas carnavalescas han perdido toda su espontaneidad popular [...] y están destinadas a atraer turistas. Este es uno de los peligros que

---

42 Bartolomé LLOMPART BELLO, *op. cit., p. 16.*

43 Cfr. con *ivi*, p. 17.

ronda el Carnaval gaditano, que se convierte en un mero espectáculo comercial por haber sido clasificado "Fiesta de interés turístico internacional"[44].

Hoy en día, el Carnaval ya no debe entenderse como una fiesta ligada a la Cuaresma, sino como una celebración de la libertad, una excepción en un año lleno de reglas sociales que hay que respetar. En definitiva, una época del año en la que hay que burlarse de las instituciones y los poderes, cuestionarlos. El Carnaval ha sido la fiesta más castigada a lo largo de la historia. Los gobernantes lo prohibían al menor inconveniente. Sin embargo, hoy en día, dada su institucionalización, sería más fácil dirigirla que suprimirla. Este es el mayor peligro que amenaza al Carnaval de Cádiz, la estabilización de una normativa por parte de las autoridades, lejos de la espontaneidad creativa que debería tener. Los autores del Carnaval, a través de las agrupaciones, son los únicos que dan a esta fiesta una personalidad propia, creando una cultura de la ciudad cantada y creada por el pueblo[45].

▲ Gran Teatro Falla, el principal teatro de la ciudad, situado en la plaza del mismo nombre y dedicado al gran compositor gaditano Manuel de Falla.

---

44 Marcos ZILBERMANN, *op. cit., p. 19.*

45 *Ivi,* p. 20.

2. Las agrupaciones y las coplas

Lo más peculiar del Carnaval no son los desfiles, ni la grandiosa cabalgata, ni los extravagantes y exóticos disfraces que lucen las personas que salen a la calle, sino que la esencia del Carnaval de Cádiz radica en las agrupaciones que intervienen activamente y, sobre todo, en las coplas que cantan recordando los hechos, los acontecimientos, los personajes más importantes o más celebrados durante el año[46].

2.1 La arquitectura de las agrupaciones

El reglamento establece las cuatro modalidades de agrupaciones que pueden presentarse al COAC: coros, chirigotas, comparsas y cuartetos. Los primeros artículos del reglamento establecen las modalidades según el número de integrantes, la variedad de voces y el número y tipo de instrumentos, así como el número y tipo de canciones y temas que pueden utilizarse en el espectáculo. Se calcula que cada año participan cuatro mil cantantes, seiscientas piezas musicales distintas y completamente originales y nueve mil composiciones literarias diferentes[47].

Los coros tienen que interpretar su repertorio a tres voces —tenores, barítonos y bajos— bien vestidos según un tema compartido. El género que interpretan es el tanguillo, o tango gaditano, que se originó en las Indias Occidentales y posteriormente se fusionó con el flamenco[48]. Pueden estar formados por hasta treinta y

---

46 Jorge Antonio PAZ PASAMAR, *La temática de las coplas del Carnaval*, Cádiz, Cátedra Adolfo de Castro. Fundación Municipal de Cultura, 1987, p. 11

47 Ignacio SACALUGA RODRÍGUEZ, *op. cit.*, p. 451.

48 Bartolomé LLOMPART BELLO, *op. cit.*, p. 12.

cinco cantantes y diez músicos que tocan instrumentos de cuerda como guitarras, laúdes y bandurrias. Por lo general, los coros gozan de cierto respeto y seriedad, ya que preparan una carreta o un pequeño camión, en el que actúan por las calles, tras completar el COAC[49].

Las chirigotas, en cambio, tienen un estilo diferente: ingeniosas, divertidas, grotescas, provienen directamente de las agrupaciones de *negritos* de Cuba, por lo que su música es más rítmica que melódica[50]. Sus letras tienen un fuerte sentido del humor, su mordaz crítica popular está llena de doble sentido, sarcasmo y sátira. Están formados por hasta doce cantantes del género del cuplé, con una sola voz, acompañados por tambores, guitarras y el típico *pito*.

El pito es un instrumento tradicional, posiblemente el más típico del Carnaval, que apareció a finales del siglo pasado. Se trata de un pequeño cono aplanado, de plástico o madera, con una fina lámina de papel adherida al interior, que al vibrar produce un sonido muy característico y cómico[51], similar a una pedorreta.

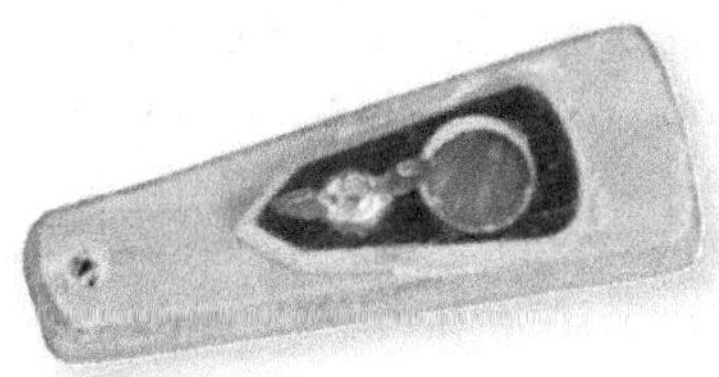

▲ El *pito* es uno de los símbolos del carnaval gaditano: todo el mundo lo toca, cantantes, niños, locales y turistas. De acuerdo con la energía positiva que genera el festival, el pito es capaz de sacar una sonrisa inmediata a cualquiera que lo escuche.

---

49 Ramón SOLÍS, *op. cit.*, p. 18.

50 Bartolomé LLOMPART BELLO, *op. cit.*, p. 13.

51 José VÁZQUEZ ARAGÓN, "Evolución del pito de Carnaval", *IlegalDeRota.com* (consultado el 22 de noviembre de 2014).

Las comparsas nacieron en los años en los que, tras la prohibición del Carnaval durante la Guerra Civil, prosperaban las fiestas típicas gaditanas que disimulaban la inquietud carnavalesca de la gente del pueblo, sobre todo por la aparición de las agrupaciones folclóricas. Las atracciones de la época estaban reservadas a las clases más acomodadas, por lo que nació un tipo de agrupación "híbrida", ya que intentaba mantener la buena música y la suntuosidad de los trajes de los coros y al mismo tiempo el carácter goliárdico de las chirigotas[52]. Cuentan con entre diez y quince miembros a dos voces y el acompañamiento se realiza con tambores, bombos y hasta tres guitarras, con la participación especial del pito. Su estilo es el pasodoble.

Los cuartetos están formados por tres, cuatro o cinco cantantes, acompañados por el pito, y su género es la parodia.

Por último, las agrupaciones callejeras, o "ilegales", surgieron a principios de los años '80, cuando grupos de gaditanos no incluidos en el COAC decidieron reunirse de forma independiente en la ciudad para cantar y divertirse. Al principio se llamaban "familiares", ya que estaban formados por familias, amigos o afiliados de las peñas. No necesitan un gran acompañamiento musical ni una escenografía espectacular, dada la informalidad de su carácter. Los gaditanos y los turistas suelen considerar a estas agrupaciones como la esencia del Carnaval por su espontaneidad.

Los miembros de las agrupaciones son personas modestas, pero dotadas de una mente clara, una intuición poética y una gran inspiración musical[53].

---

52 Bartolomé LLOMPART BELLO, *op. cit.*, p. 14.

53 *Ivi*, p. 11.

2.2 Temáticas y funciones de las coplas

Las agrupaciones, a través de sus letras (coplas) hábilmente rimadas y compuestas por músicos y poetas del pueblo, han permitido crear una historia popular, paralela a la oficial, en la que se reflejan año tras año los acontecimientos más importantes y significativos, dependiendo, eso sí, de la mayor o menor libertad de expresión del momento y teniendo en cuenta la influencia de los medios de comunicación y sus opiniones y comentarios[54]. La peculiaridad de las coplas es que, aunque se refieren a noticias a veces trágicas o sin gracia, se presentan de forma alegre y humorística para que se conviertan en algo de lo que reírse[55]. Pero además de esta alegría y distracción, el segundo objetivo de las coplas es siempre remover la conciencia y el espíritu crítico de los oyentes, sacando a la luz las injusticias, los problemas políticos y laborales, el encarecimiento de la vida, la crisis mundial y los escándalos. El canto del Carnaval, acompañado por guitarras y tambores, es también un grito abierto de denuncia[56]. Un ejemplo de esta forma de entender la fiesta es el pasodoble de 'Los cruzados mágicos', que ganó el primer premio en 1982:

---

54 Miguel VILLANUEVA IRADI, *El Carnaval de Cádiz durante la 2ᵈᵃ República Española (1931-1936). Ensayo sobre un Carnaval prohibido*, Cádiz, Fundación Vipren, 2007, p. 75.

55 Adolfo GONZÁLEZ MARTÍNEZ y Jorge Antonio PAZ PASMAR, "Recursos lingüísticos en las coplas del Carnaval de Cádiz", en Alberto González Trayano et. al. (eds.), *Carnaval en Cádiz*; Cádiz, Ayuntamiento de Cádiz, 1983, pp. 87-88.

56 Jorge Antonio PAZ PASMAR, *La temática de las coplas del Carnaval*; Cádiz, Cátedra Adolfo de Castro. Fundación Municipal de Cultura, 1987, p. 14.

Con mi guitarra, mi pito y mi alegría;
la caja, el bombo, mi voz y mi disfraz
hoy soy cigarra que gozo de la "vía"
desecho lo que amarga, derrocho simpatía
cantándole a mi gente, que estamos en Carnaval.
Lo cotidiano asusta y desespera
una bomba, un secuestro, un robo, una epidemia,
un asalto al Congreso o cualquier invasión;
pero yo lo disfrazo con esa ironía
que es propia de la fiesta de la tierra mía
que hasta de sus pesares se hace una canción.
No quiero cantarte mis lamentos
ni herir tus sentimientos, querido paisano.
Prefiero acudir a tu cita
con mi mejor sonrisa y el alma en la mano
y estoy contigo como un amigo
que te divierta y te haga disfrutar
y te haga reír,
que en Carnavales no hay que llorar.

(Los cruzados mágicos, 1982)[57]

La copla del Carnaval no define ni una música ni un tipo de canción: lo que cuenta es la letra y el ritmo[58]. Cádiz es una fiesta literaria, y así lo describió hábilmente José María Pemán en 1959, durante la coronación de la Reina de los Fiestas Típicas:

> Vais a ser más que reina absoluta, reina constitucional de un ruidoso parlamento de coplas y tangos, fabricados con una secular receta que anota dos partes de gracia, una de melancolía y una de libertad.[59]

---

57 Adolfo GONZÁLEZ MARTÍNEZ y Jorge PAZ PASMAR, *op. cit.*, pp. 88-89.

58 Ramón SOLÍS, *op. cit.*, p. 17.

59 *Diario de Cádiz*, 1 de febrero de 1959.

Otro autor, el profesor José Jurado Morales —con el que tuve la suerte de trabajar— hace una descripción de las coplas, indicando cinco elementos (que él llama funciones) que nunca deben faltar: la función lúdica, que es la base del Carnaval en general; la función humillante, ya que los personajes descritos, sobre todo si no son especialmente queridos, suelen ser objeto de burla y de escarnio; y la función reflexiva, que junto con la función crítica y la concienciadora, pretende mostrar lo que realmente se esconde en las rimas que tanto divierten a los espectadores[60]. De momento, nos centraremos en la primera de las funciones mencionadas, la lúdica, introduciendo el tema del lenguaje propio de las coplas. El primero en hablar de esta propiedad del lenguaje, ya que no figura entre las funciones clásicas de Jakobson, fue el profesor Yndurain, que se refirió al juego explícito de la deformación de las palabras o de las pronunciaciones, a la creación de palabras sin un significado definido, aunque acomodadas a la fonología de la lengua[61]. Analizando las coplas del Carnaval se pueden encontrar numerosos ejemplos de cómo los hábiles libretistas ponen en práctica esta función.

2.3 La lengua como vehículo de comicidad

Los recursos, mecanismos y procesos para hacer que un texto sea cómico y divertido son muchos, y podrían

---

60 José JURADO MORALES, "Procedimientos, matices y funciones del humor en las letras de Carnaval", *Actas del VIII Congreso del Carnaval*, Cádiz, 1998, pp. 21-23.

61 Francisco YNDURAIN, *Para una función lúdica en el lenguaje*, Madrid, Fundación Juan March, 1973, *apud*: Pedro Manuel PAYÁN SOTOMAYOR, "Función lúdica del lenguaje carnavalesco", *Actas del V Congreso del Carnaval*, Cádiz, Fundación gaditana del Carnaval, 1991, p. 191.

dividirse en dos macrocategorías: lingüística y extralingüística. En la primera categoría se encuentran aquellos en los que la esencia del humor reside principalmente en el uso del lenguaje y en el juego de deformación de las palabras antes mencionado, mientras que en la segunda se encuentran los factores que tienen que ver con el contexto externo al lenguaje[62]. Los autores saben que ciertas grafías no se corresponden con la norma, y que en su intención de jugar con las palabras se topan con el problema de no tener ninguna norma gráfica u ortográfica a la que referirse, por lo que cada texto y cada agrupación hace un uso totalmente subjetivo y arbitrario de la lengua española[63]. El aspecto cómico de las palabras es la peculiaridad de esta fiesta tan genuinamente gaditana, hasta el punto de que se podría referir a la esencia misma de la ciudad; a este respecto el filósofo gaditano José María Sbarbi afirma:

> Nosotros los meridionales nos deleitamos sencillamente con pasajes cuyo atractivo todo reside en los sonidos; no de otra manera se explica el que un motivo musical que nada dice, pueda llegar a producir sensaciones tan sumamente agradables. ¿Qué otro origen puede reconocer ese cúmulo especial de dichos familiares, que analizados mediante el telescopio de la lógica, nada dicen en cuanto al pensamiento, si sólo respecto al oído? ¿Qué otra cosa revelan si no es el genio vivo, oportuno, chistoso, creador, altamente poético de nuestros compatricios?[64]

---

62 José JURADO MORALES, *op. cit.*, p. 10.

63 Pedro Manuel PAYÁN SOTOMAYOR, "El habla de Cádiz en las letras de su Carnaval", in Alberto González Trayano et. al. (eds.), *Carnaval en Cádiz*, Cádiz, Ayuntamiento de Cádiz, 1983, p. 73.

64 José María SBARBI Y OSUNA, *Monografía sobre los refranes, adagios y proverbios castellanos y las obras o fragmentos que expresamente tratan de ellos en nuestra lengua*, Madrid, Ediciones Atlas, 1980, p. 32.

Veamos, pues, algunos ejemplos concretos de la puesta en escena de este genio creador.

2.3.1 Trabalenguas

En las coplas, el trabalenguas aparece como un verso cuya característica primordial es la dificultad de su pronunciación. Se utiliza mucho, sobre todo en el estribillo, ya que es lo primero que aprende el público, como una cancioncilla infantil. La imaginación popular, el ritmo de las palabras que no dicen nada concreto, la caricatura, el exotismo, incluso la dificultad que requiere la pronunciación, son las partes fascinantes de esta propiedad del lenguaje típica del Carnaval[65].

Puede haber trabalenguas sin significado semántico, útiles sólo para el ritmo, o, en cambio, trabalenguas que tienen sentido y nacen con la intención de disfrazar grotescamente un mensaje[66]:

> Disquibay, guachinay,
> tablonati, pedruscalé
> cañamón, grasolé
> tutti frutti, guaja, ja, ja.
>
> (Los bomberos filipinos, 1961)
>
> Sala malecum la mojama de atún
> te la vas a jamar tú
> que yo jamo jalufo.
> Sala malecum, sala malecum
> que yo jamelo jalú
> que yo jamelo jamón.
>
> (Los beduinos, 1968)[67]

---

65 Pedro Manuel PAYÁN SOTOMAYOR, "Función lúdica del lenguaje carnavalesco", *Actas del V Congreso del Carnaval*, Cádiz, 1991, p. 193.

66 Adolfo GONZÁLEZ MARTÍNEZ y Jorge PAZ PASMAR, *op. cit.*, pp. 90-91.

67 *Ibidem.*

2.3.2 Barbarismos

El diccionario de la Real Academia Española los define como "Incorrección que consiste en pronunciar o escribir mal las palabras, o en emplear vocablos impropios" o "Extranjerismo no incorporado totalmente al idioma", pero en este caso se trata del uso paródico de préstamos[68] o términos extranjeros que en su incorrección gramatical recuerdan fonológicamente a una lengua extranjera. El medio más habitual para lograr la comicidad es la adaptación fonética, junto con otros recursos de origen léxico-sintáctico, por lo que las lenguas parodiadas deben ser suficientemente conocidas; en concreto, las más habituales son el italiano, el chino el latín y el árabe, entre otras.

> Piriñaquis, papis aliñás,
> chicianati, tu buena tajá,
> y calamari a la romani pa Sanani que pá mí
> macarronis gordis con tomatis de Solís...
> Papelonis de la morterá,
> papas fritis mú bien despachás,
> y calamari a la romani pá Sanani que pá mí
> macarronis gordis con tomatis de Solís...
> (A Venecia del tirón, 1991)[69]

Si a primera vista puede no resultar cómico, sabiendo que la música que acompaña a este texto es la famosa "Funiculí funiculá", las risas están aseguradas.

---

68 Luis ESCORIZA MORERA, "Voces extranjeras en las letras de Carnaval. Principio de identificación", *Actas del VIII Congreso del Carnaval*, Cádiz, 1998, p. 100.

69 Antonio BURGOS, "Letras de Carnaval: Popurrì A Venecia del tirón", *AntonioBurgos.com* (consultado el 29 de noviembre de 2014).

Que porculorum
 nos dan a nobis
cartelis carnavalorum
encarguis facta
magnum artista
y le pagan una pasta
bien sa quedatus
el Hernan Cortis
pintando tal gurripatus
caca cacae
en dentis amarillae
perque colgatus
est omitatus [...]

(Los San Patricios, 1987)

El jamón el oja jiñara
morteron, julandron de jiñar.
Oh, mi Ala, o mi Ala, jala jala
jala ya del agua
y baja la maja.

(Hombres azules, 1985)[70]

En el último ejemplo, se observa la imitación fonética del árabe por el uso exagerado del fonema fricativo velar sordo /x/[71].

2.3.3 El uso de palabras esdrújulas

La repetición constante de este tipo de palabras, junto con una música adecuada y una gesticulación exagerada, hace que el oyente capte el carácter humorístico que el autor quiere transmitir[72].

---

70 Luis ESCORIZA MORERA, *op. cit.*, pp. 100-103.

71 *Ibidem.*

72 Adolfo GONZÁLEZ MARTÍNEZ y Jorge PAZ PASMAR, *op. cit.*, p. 95.

Yo no estudio química, botánica, ni física,
porque todo es música en la vida real.
Viendo a muchos rústicos, gaznápiros y estúpidos
que viven muy cómodos y no saben firmar.
(Los cristobalitos, 1970)[73]

2.3.4 Hipérbole

La comicidad de la hipérbole radica en que la exageración es tal que resulta claramente irreal[74]. Es curioso que en la mayoría de los textos analizados en busca de la hipérbole, los objetos que se toman en consideración son el hambre o la esfera sexual.

Aunque esté agonizando
le entra tal gana de comer
que es capaz de tragarse
hasta su suegra hecha bistecs.
(Los boticarios, 1911)[75]

¡No hay que ser cabrón!
No veas el negro, como la tiene,
que por el pernil de los pantalones le asoma el pene.
Fíjate que un día estaba meando por Bahía Blanca
y le puso una multa un municipal en la Zona Franca.
(Los últimos en enterarse, 1995)[76]

---

73 *Ibidem.*

74 *Ivi*, p. 105.

75 *Ibidem.*

76 José JURADO MORALES, *op. cit.*, p. 13.

2.3.5 Similitudes

Consisten en relacionar dos ideas, objetos o una idea y un objeto en virtud de una analogía entre ellos. En los textos de carnaval, la genialidad de la comparación de dos términos reside en el hecho de que este último es a menudo sorprendentemente inesperado. Cuanto más improbable sea la relación entre ambos términos, más se conseguirá el resultado deseado[77].

> Tengo una novia preciosa
> de esas de última hora
> con la cabeza pelada
> en la forma de escarola.
>> (Ramilletes y Flores de España, 1928)[78]

> Tenía más "mojo" en el cuerpo
> que la carrucha de una persiana.
>> (Los cabos cola, 1974)[79]

2.3.6 Dobles sentidos y eufemismos

Los dobles sentidos y los eufemismos ofrecen, sin duda, muchas posibilidades para lograr la comicidad, teniendo en cuenta además que la esfera sexual suele ser la protagonista de estos juegos de palabras[80]. En el siguiente ejemplo encontramos la intención de imitar una lengua extranjera, en este caso el japonés, con el consiguiente

77 Adolfo GONZÁLEZ MARTÍNEZ y Jorge PAZ PASMAR, *op. cit.*, pp. 108-109.

78 Ramón SOLÍS, *op. cit.*, p. 80.

79 Adolfo GONZÁLEZ MARTÍNEZ y Jorge PAZ PASMAR, *op. cit.*, p. 110.

80 José JURADO MORALES, *op. cit.*, pp. 13-14.

cambio fonético de la /r/ en /l/; de ahí que el componente humorístico de este doble sentido venga dado por la
palabra "glande".

> Hoy pongo como ejemplo a la Petlóleo
> pa que sepa mucha gente como se debe cul-lal
> con su alte siemple cumple sus debeles
> vaya tía que no pala de cul-lal
> y es que glande ella és de camalela [...]
> como altista la plimela
> con su Show palticulal [...]
> polque haciendo to lo que ella hace
> un pal de conjones tiene que tenel
> y que glande...
>
> (Andaluces de Japón, 1995)[81]

> Llegué a mi casa a las 11, el pájaro sin agua
> y la tele apagá.
> Y al entrar en el cuarto yo ví a mi parienta en la
> cama acostá
> y en lo alto había un negro con casi dos metros de la
> N.B.A. [...]
> ¿Qué hace aquí este guanamino,
> con ese peazo ibertrén, y tu ahí con to el chumino...?
> Anda y tápate.
>
> (Los últimos en enterarse, 1995)[82]

2.4 *El habla de Cai*

Para finalizar el apartado sobre el lenguaje, es preciso
hacer referencia al particular acento de los gaditanos y
cómo éste representa no sólo un fenómeno lingüístico,

---

81 *Ibidem.*

82 José JURADO MORALES, *op. cit.*, pp. 14-15.

sino también un interesante aspecto sociológico. Humboldt sostiene que la lengua no es, ante todo, comunicación, sino la expresión del espíritu colectivo de un pueblo y que se reconoce a través de un estudio profundo del mundo del lenguaje. Aunque los rasgos expresivos de la lengua de una comunidad pueden distinguirse a través de la fonética y la fonología, la expresión del espíritu colectivo de la comunidad se encuentra en el plano léxico-semántico[83].

En esta ocasión, Payán Sotomayor ofrece una panorámica de las connotaciones sociolingüísticas en el vocabulario de los habitantes del barrio de la Viña, el más típico y peculiar de toda la ciudad, y referente del Carnaval:

> Muchos historiadores y ensayistas coinciden en afirmar que Cádiz tiene una historia rara. Y ello es porque depende del mar de una manera plena. Cádiz pertenece, sin duda, al mar. Es mar. […] De él le ha venido y le vendrá su ancho sentido universal, económico, civilizador. Por el mar ha estado siempre abierta a todas las corrientes y está inmunizada del cerrado tipismo de otras localidades del interior.[84]

Desde el puerto de Cádiz, abierto a todas las rutas, siempre han llegado numerosos préstamos, traídos por los embarcados, mozos, cocineros y otros empleados en los barcos; al pasar por La Viña estos términos se extendieron luego por toda la ciudad, pero a veces perdieron

---

83 Pedro Manuel PAYÁN SOTOMAYOR, "Connotaciones sociolingüísticas en el vocabulario de los hablantes del barrio de la Viña de Cádiz", *Gades*, Cádiz, n. 8, 1981, p. 241.

84 *Ivi*, p. 248.

su significado original. Por lo tanto, este lugar contribuyó a la creación de una nueva lengua[85]. El análisis de los textos del Carnaval como expresión genuina del pueblo gaditano nos permite acercarnos al alma de la ciudad, que se refleja en el lenguaje de sus hablantes. Los textos de las agrupaciones son manifestaciones lingüísticas que muestran la inquietud, las vicisitudes y a la vez la alegría de los ciudadanos[86].

Es sabido que el estudio de los elementos significativos de la lengua de una comunidad se basa en los valores denotativos de las palabras, pero sin duda el análisis estaría incompleto si no se consideraran también los valores connotativos y contextuales.

> Se ha admitido durante mucho tiempo [...] que la lengua no es meramente vehículo de comunicación: es también un medio de expresar emociones y de despertarlas en otros...Estas consideraciones han conducido a algunos eruditos a distinguir entre dos usos del lenguaje: uno simbólico o referencial, y el otro emotivo.[87]

Para dar un valor connotativo a las palabras y a las frases, es necesario remitirse a los requisitos que el orador tiene a su disposición para dar un valor emocional a sus expresiones. Por ejemplo, los diminutivos no introducen una nueva palabra, sino que se refieren tanto al tamaño del objeto como al afecto que el hablante tiene

---

85 *Ivi*, p. 250.

86 Pedro Manuel PAYÁN SOTOMAYOR, "El habla de Cádiz en las letras de su Carnaval", en Alberto González Trayano et. al. (eds.), *Carnaval en Cádiz*, Cádiz, Ayuntamiento de Cádiz, 1983, pp. 65-66.

87 Stephen ULLMANN, *Semántica. Introducción a la ciencia del significado*, Madrid, Aguilar, 1976, p. 144.

por el sujeto; los diminutivos en los textos carnavalescos no se refieren necesariamente al tamaño, sino que en la mayoría de los casos se refieren a la visión especial que el gaditano tiene de lo que se habla. La vida y las cosas parecen percibirse en miniatura, quizá por la modestia y la sencillez de la gente[88].

> *Gaditanita* mía de mis entrañas
> a ti va dedicada esta canción,
> eres lo más bonito que hay en España
> por tus achares, niña, me muero yo.
>
> (Corrusquillos gaditanos, 1963)[89]

> En esta tierra preciosa
> como en el mundo no hay dos
> salen ciertos refranes
> con una *guasita* muy superior.
>
> (Los claveles, 1896)[90]

<hr>

88 Pedro Manuel PAYÁN SOTOMAYOR, "El habla de Cádiz en las letras de su Carnaval", en Alberto González Trayano et. al. (eds.), *Carnaval en Cádiz*, Cádiz, Ayuntamiento de Cádiz, 1983, p. 74.

89 *Ibidem*.

90 Ramón SOLÍS, *op. cit.*, p. 95.

3. Análisis de coplas históricas

Teniendo en cuenta que cada año se presentan al COAC unas ciento cincuenta agrupaciones y que el concurso se celebra desde principios del siglo pasado, se podría analizar un gran número de textos; sin embargo, hay algunos que han pasado a la historia del Carnaval y que los gaditanos siguen cantando con nostalgia después de muchos años. Por ello, seleccionaremos dos ejemplos, de una comparsa y de una chirigota, que son especialmente significativos tanto histórica como lingüísticamente. Hay que precisar que una actuación completa consta de varias partes —presentación, pasodobles, cuplé y popurrit— y dura casi media hora.

▲ Comparsa "La Serenissima", una de las más famosas y provocativas de los últimos años. La escenografía se ha cuidado hasta el último detalle para representar la ciudad de Venecia, la "madre" del Carnaval.

3.1. Comparsa 'La Serenissima', 2012

Ganador del segundo premio del COAC 2012, año en el que se celebró el bicentenario de la Constitución Española, redactada en Cádiz. El autor del texto es Juan Carlos Aragón Becerra, filósofo contemporáneo conocido por haber escrito más de cuarenta comparsas y chirigotas y varios libros y ensayos sobre el Carnaval. "El Capitán Veneno", como solía llamarse el escritor, murió prematuramente en 2019.

Los protagonistas de 'La Serenissima' salen a escena vestidos de gondoleros venecianos para cantar una comparsa que pretende ser tanto un homenaje a Venecia como una crítica al mundo político andaluz.

> Oh, donna mia veneziana,
> maschera bianca di mio cuore
> di mia ùrbe e mia razza.
> Oh mia gondola finale
> apre tu anima al cantare
> di mia serena comparsa.
> Interminabile signora
> si cada giorno è un lamento
> e ve chè se sfugare il tempo
> e ve la crisi agravare
> il día no tiene finale.
> La vita è un aburremento.
> Donna, donna, la felicità,
> chiama a la porta de tua casa
> è mia comparsa...
> È un regalo di carnevale
> mascherato di nostra locura
> una pompa di allegro cantare
> una magia chè il male te cura.
> Un rumore chè cada febbraio
> disparata mio sentimento

un tesoro chè arriva de Cádiz,
della mesma tacetta di argento.
Ponte la maschera bianca e sube a la gondola
viaggia per tutti canali di nostra città millenaria
anti di chè algún día se hunda in il mare
uguale chè tutto si hundo in la morte
è chè la vita te importe
con salute, amore e libertà...
Donna, donna, la felicità,
chiama a la porta de tua casa
è mia comparsa...
Oh, donna mia veneziana,
maschera bianca di mio cuore
di mia ùrbe e mia razza.
Oh mia gondola finale
apre tu anima al cantare
di mia serena comparsa...
Serenissima!

El primer factor a destacar en esta presentación es el idioma: un híbrido de español e italiano, como homenaje a una ciudad que ha contribuido al nacimiento del Carnaval de Cádiz. Se dirige a una mujer, invitándola a abrir la puerta de su casa para que entre la comparsa, un "alegre cantar" que puede distraer del "aburremento" de la vida, de la crisis, del tiempo que se agota y del mal. Se hace referencia al mes de febrero, tiempo de carnaval, durante el cual llega un tesoro de la "tacetta di argento" —tacita de plata—, uno de los muchos apodos de Cádiz, y se invita a la mujer a subir a la góndola para emprender un viaje a la "città millenaria", que podría ser Venecia o Cádiz, antes de que todo "se hunda en el mare, en la morte", aludiendo quizá a la precaria situación, una desde el punto de vista geológico y otra en sentido más general, que viven ambas ciudades.

Il puto amo della patria,
consciente di nostra desgracia,
esta mangiandose la testa
buscando formula perfetta,
y una manera soledaria
e de ver yusta e necesaria
girare molto a sua destra,
e ricorta e ricorta del mesmo lugare,
e nos pide di fare un grandísimo esforzo,
harto di vino rosso e de rico mangiare.
E per medida di urgenza,
ricorta di ciencia y di educazione,
ricorta di sanidad,
e ia mi empieza a ricortar los canelones.
Si tu quieres ricortare,
yo te digo lo que sobra,
un ejercito que cobra per inutile missione,
ricorta di riligione que predica la pobreza
e securo que la Iglesia nunca te abandonará.
Quien necesite de Dios porque sea devoto,
po' que le rece a dos velas,
igual que estamos nosotros,
per finalizare mia proposta te sugero
per favore el despido barato en la riforma laborale
de tantos jueces inmorales
e de fiscale e magistrato
ricorta tutta la patraña de la politica ladrona
y a la bandera de España, ricortale la corona
e no ricorte del pueblo, que como el pueblo se alce
unido
puede que salga a la calle y agrande el valle de Los
Caídos.

El clima del primer pasodoble cambia drásticamente: la crítica al gobierno, definido descaradamente como "el puto amo de la patria", que se está "mangiando la testa" —comiendo su propia cabeza—, para "girar muy a su derecha", en alusión a la política: desde 2011 hasta 2016 el gobierno español en funciones era el del Partido Popular, un gobierno conservador, y en estos versos Aragón probablemente ha querido expresar la intención del gobierno de aplicar medidas de derechas, pidiendo al pueblo que haga un "grandísimo esfuerzo" mientras se sacia de vino y buena comida. Luego se mencionan los recortes que los políticos aplicaron a la ciencia, educación y sanidad, y a partir de aquí la comparsa hace oír su voz y sugiere los recortes realmente necesarios: al ejército, la religión, a la "política ladrona", al despido de los jueces inmorales y, finalmente, los recortes a la corona española.

Una curiosidad en los versos sobre la religión: se lee que los devotos que necesitan a Dios, "po' que le reciban a dos velas, igual que estamos nosotros", y la frase que sigue invita a la humildad y pobreza que predica la Iglesia, rezando con dos velas. Pero estar a dos velas tiene un segundo significado, procedente de los años de la guerra civil: quienes no tenían dinero para pagar la electricidad se veían obligados a encender, simbólicamente, dos velas en sus casas; de ahí que la expresión se convirtiera en sinónimo de pobreza.

La frase que concluye esta parte parece una incitación a la revolución: si el pueblo se levantara unido a causa de los recortes que sufre, el valle de Los Caídos se expandiría.

> Esta la canto en gaditano, esta la canto en andalú
> porque en el fondo me he sentío
> un pobrecito mantenío
> y un chusma como ciudadano,
> porque al cabrón de Cayetano
> de sus cojones le ha salío.

Todos los andaluces
no somos tan frescos,
por ejemplo, si fuera
por este que habla,
en un cruce de espadas
tú ya estabas muerto.
Yo soy de los andaluces
que el traje de luces,
el caballo y la copla
le tienen puesta la cruz
porque es el símbolo andaluz
de la derrota.
Yo no aguanto que tu madre
vieja, rica y desperfecta
sea la hija predilecta
de toda mi Andalucía,
pero menos todavía
que en su boda con un facha,
bailando medio borracha
salga por televisión.
Mientras mis propios paisanos
le tocan las palmas,
y por su ramo de novia
las tontas pierden la calma.
Esa es la mitad de Andalucía
de la que como andaluz,
yo maldigo y reniego.
Pero no aguanto que un chulanga,
aristócrata y parásito
se pase con mi pueblo,
bastante hay con los canallas
de nuestros putos gobernantes
que con limosna nos callan
ahora lo mismo de antes.
Que la mitad de mi gente
saca los dientes
todos los días
y por culpa de la otra
tenemos rota Andalucia!

En el segundo pasodoble se abandona el italiano y se canta en gaditano: en la primera estrofa, se observa la marcada tendencia de los gaditanos, y andaluces en general, a omitir la consonante intervocálica /d/ —sentío, mantenío, salío— y otras consonantes finales, como "andalú". Esta tercera parte de la comparecencia es una crítica a Cayetano Martínez de Irujo, un personaje conocido en España por ser hijo de la duquesa Cayetana de Alba, fallecida el 20 de noviembre de 2014, que habría calificado en varias entrevistas a la comunidad andaluza de atrasada por la falta de propensión al trabajo de los ciudadanos[91]. 'La Serenísima' dice, por tanto, sentirse ofendida como ciudadana —un chusma— porque a Cayetano "le ha salido de los cojones" decir lo que dijo, mientras que la verdadera culpa de la "derrota" de Andalucía sería el estilo de vida noble y lujoso —el traje de luces, el caballo y la copla— de familias como las de Cayetano y su madre. Hay otra crítica a la Duquesa, calificada de 'vieja, rica y desperfecta': no se acepta que sea aclamada por la región, y menos aún que durante su boda con Alfonso Díez Carabantes, un 'facha' —fascista—, aparezca en la televisión bailando borracha ante los aplausos de los andaluces y la excitación de algunas 'tontas' que esperan coger el ramo. Se asocia entonces a Cayetano con un fanfarrón, aristócrata y parásito que la toma con el pueblo, tal y como han hecho y hacen los putos gobernantes, intentando acallar las críticas y el descontento de los ciudadanos con promesas baratas.

Finalmente, se presenta un retrato de Andalucía: el de la gente que 'saca los dientes' cada día, y el otro, el de

---

91 Anónimo, "Cayetano Martínez de Irujo: 'En Andalucía la gente joven no tiene ganas de progresar'", *ElMundo.es* (consultado el 7 de dicembre 2014)

los políticos y la clase alta, que están destruyendo una
región que está entre las más bellas y desafortunadas de
España.

[...]

Per vedere il mondo,
non e necesario fugare di qui,
perché tutto lo bueno y lo malo
del mundo está dentro de ti,
que la crisi è falsa invenzione
del occidentale.
Lo que falta en el mundo,
es amore e fare una vita espirituale.
Lo que falta in il mondo
e un cambio di rombo
de la direccione della humanità.
Sigue arrivando,
la mano de opera barata
di gente comune
di pueblo di oriente,
los pobres siguen al sur
y los ricos al norte
uguale que sempre.
Que alci la mano il tonto
que aun se crea
lo del estado del benestare.
Que alci la mano il tonto
que aun se crea
que la democracia nostra
è democracia reale.
Tutto goberno dil mundo
ia perdio sua credibilidad,
è lo que hace falta e
una rivolucione, ia!
Una rivoluzione sine parola,

una rivolucione con amore
è no con ametralladoras,
pero hace falta una rivolucione, ia,
que traiga il finale della historia,
y el principio de la libertà,
y el principio de la libertà,
una rivolucione, ia!

La primera parte del *popurrit* que concluye la comparsa es una reflexión más impersonal y general sobre la situación del mundo actual, en la que se expresa la necesidad de dar mayor importancia a la dimensión "espiritual" y a la interioridad de las personas, ya que lo que se necesita hoy para acabar con la "historia" y conseguir la libertad es una revolución pacífica.

Se destacan las diferencias económicas entre los habitantes del sur y los del norte, mientras sigue llegando la "mano de opera barata di pueblo de oriente", una referencia a la condición laboral de muchos asiáticos, y que el estado de bienestar y la democracia no son reales.

[...]

Perché con maschera nos liberamos
y así nos desenmascheramos
è somos eso que queremos sere.
Perché con maschera nos liberamos
y así nos desenmascheramos
è somos eso que queremos sere,
per eso nostra vida solo es una maschera,
per eso nostra vida solo es una maschera.
El hommo que es un angelo,
se enmaschera de diabolo.
El hommo que es un diabolo
se enmaschera di angelo.
El hommo feminado

de donna mascherato.
El hommo que e político
no le hace falta maschera.
Perché con nostra maschera rivale
cuando llega carnevale
ia somos eso que queremos sere.

La liberación de las opresiones mencionadas anteriormente también llega a través del carnaval, porque a través de la máscara uno se libera y se aísla del mundo real, y le permite ser quien quiere: el hombre que es un ángel se disfraza de diablo, el hombre afeminado es en realidad una mujer enmascarada, mientras que un político no necesita una máscara, ya es una caricatura de sí mismo de la que no puede liberarse.

[...]

Aquí se terminó
el viagio que
usted deseó
è no vuelva más
nunca per aquí,
hágame el favor,
hágalo perché
mio corazón
late por usted
in tutta la ciutà
la ricordarè, la ricordarè,
mi ricordará
como el gondolier
que en il carnaval
la Serenissima le dio
un beso de amor
en il Gran Canal,
le dio suo cuore,

anti del addio,
anti de partir
dejemé secar
lágrimas de usted,
la ricordaré,
mi ricordará
como el gondolier
que en il carnaval
la Serenissima le dio
un beso de amore, un beso de amor,
arrivederci, adiós!

Una costumbre de todas las agrupaciones es despedirse del público de la forma más poética y sentimental posible: debido a los temas tratados y a la importancia histórica del Carnaval, se crea un vínculo especial entre los oyentes y los cantantes; la gente se identifica con las agrupaciones y las siente muy cercanas a su propia realidad[92]. Finalmente, "La Serenissima" vuelve a dirigirse a una hipotética mujer, de la que hay que apartarse, ya que el viaje por la realidad del carnaval ha terminado. El fondo es Venecia, el Gran Canal, y como en los finales más románticos, un beso y una despedida concluyen la actuación.

---

92 Jorge Antonio PAZ PASMAR, *La temática de las coplas del Carnaval*, Cádiz, Cátedra Adolfo de Castro. Fundación Municipal de Cultura, 1987, p. 13.

3.2. *Chirigota* 'Los cruzados mágicos', 1982

Observemos ahora la diferencia de estilo entre ambas agrupaciones: la de 'Los cruzados mágicos', primer premio del COAC de 1982, es una chirigota cuyo único objetivo es hacer reír a los oyentes, parodiando un típico día de playa para un gaditano. Escrita por Paco Rosado, relata un suceso que le ocurrió realmente a un miembro del grupo, Romualdo Pérez Pavón, y a su hijo Juanmi[93].

> Mucha atención, señores, que ahora vamos a contar
> la más grande cruzada que se pueda imaginar,
> no crean que exagero, pues no suelo exagerar,
> que todo es verdadero, ya usted lo comprobará.
> La historia empieza un día, un día de calor,
> que el cruzado Don Romualdo ir a la playa pensó,
> se cuelga la sombrilla, la mesa, el flotador,
> la nevera, doce sillas, la tortilla, el transistor
> y con mucho interés le dijo a su mujer:
> "Ana, coge a los niños ya.
> Ana, nos vamos a bañar.
> Ana, deja aquí el tanga
> que el michelín se te puede descolgar".

Tras asegurarse de tener la atención del público, proceden a contar la mayor cruzada imaginable: para un gaditano, de hecho, la playa es un segundo hogar, y como describe la chirigota, es muy común que la gente lleve su sombrilla de playa, algunas mesas y sillas, una nevera para guardar varios platos para comer; el "transistor" -un aparato electrónico que recibe ondas de radio para transformarlas en ruidos o señales- es una exageración para expresar el concepto de que la gente lleva consigo los objetos más impensables.

---

93 Anónimo, "Los cruzados mágicos", LibretoDeCarnaval.blogspot.it (consultado el 12-12-2014)

Sólo más tarde Romualdo le pide a su mujer Ana que se lleve a los niños, mientras le recuerda que se deje el tanga, ya que el "michelín" podría llamar la atención.

> Hubo que esperar más de una hora al autobus
> y cuando llegó con sus diez hijos se montó.
> Nada más subir se le cambió el color,
> le entró hasta sudor,
> había más gente allí que en el Japón
> y cuando pagó le dio un ataque al corazón.
> Maldito autobus, que ya cuestas tú,
> más que el recibo de la luz.

Hay una gran cantidad de hipérboles destinadas a dramatizar la situación: una hora de espera en la parada para subir finalmente al autobús con diez niños a cuestas, y el primer símil es que había más gente que en Japón, mientras que el segundo culpa al precio del autobús, que llegó a costar más que la factura de la luz.

> Llegó al Hotel Playíbiribiri,
> playíbiribiri, playíbiribiri
> Le daba ya el fresquíbiribiri,
> fresquíbiribiri, fresquíbiribiri,
> y al ver tantas cachíbiribiris,
> culíbiribiris, tetíbiribiris,
> como buen satiríbiribiri
> ya se sintió mejor.

Los trabalenguas mencionados en el capítulo anterior se pueden encontrar en esta secuencia de carácter sexual: una vez que Romualdo llega al hotel, como buen "sato" se siente mejor al ver a las mujeres insinuando "culíbiribiris y tetíbiribiris"; de esta manera la chirigota opta por una comedia no demasiado vulgar.

[...]

Qué linda alfrombra de oro y azul,
qué dioses viven en tu mar,
que cada cresta de tus olas
trae un piropo en un cantar.
Podría ser la mejor del sur
si se pudiera disponer
de un cuarto metro de tu arena
sin broza, mierda y peste a pies.
Y se fue a pasear, Romualdo,
por la orillita del mar descalzo.
Le dio un pisotón a un casco de cristal,
y con el gollete se cortó el juanete.
Se pringó tó de alquitrán, Romualdo,
con las piedras se escoñaba andando.
Con una colilla se quemó el talón
y con un rastrillo se dobló el tobillo.

La mayoría de las coplas rinden homenaje a los paisajes que ofrece Cádiz, y en este caso la playa es descrita como una alfombra dorada y azul, tanto que podría ser la mejor del sur, si no fuera por la masificación, con la consiguiente "broza, mierda y peste a piés". Romualdo también decide dar un paseo durante el cual se topa con diversos obstáculos, como cristales, alquitrán, piedras, colillas y juguetes de playa abandonados.

Ahh, Iván, Iván, Iván, Iván, Iván.
Se le ha perdido ahora su hijo Iván,
lo que faltaba ya.
No está bañándose, no lo ven sus hermanos,
ni la mare que lo parió.
Romualdo el pobre estaba histérico,
llamando al niño, medio afónico.
¡Ojú, qué sofocón!

Fue tan fatídica la búsqueda
que se le rebeló la úlcera.
¡Qué mal rato pasó!
La niña del altavoz " la una",
qué guasa tiene en la voz, "las dos",
Con el viento y la torrot,
las pelotas y el reloj,
vaya coñazo le dió:
"En nuestro locutorio tenemos un pequeño.
Dice llamarse Iván
y lleva un bañador del piojito la jartá de encogío.
Rogamos a sus familiares pasen a recogerlo"

La secuencia más memorable y divertida de esta chirigota describe el episodio de la desaparición momentánea del hijo Iván: encontramos una serie de palabras esdrújulas que siguen el ritmo de la canción —histérico, afónico, búsqueda, úlcera— y a la mujer que, a través de los altavoces de la playa, anuncia la hora, recuerda que está prohibido jugar a la pelota y, en su caso, avisa de que un niño está buscando a sus padres. Iván, en este caso, es reconocido por su bañador del piojito — el mercadillo de los gitanos— "la jartá de encogío", una forma muy coloquial de decir pequeño; con este fragmento se tiende a subrayar la situación humilde y precaria del gaditano medio.

[...]

Dicen que los picapica no se dejan ver,
y que no tienen cabezas, ni manos, ni pies.
Pero Romualdo al bañarse, sin verlo acercarse sintió
uno en los huevos,
y otro por la retaguardia le puso la espalda como un
Nazareno.

Dicen que los picapica no se dejan ver.
Paliun, paliun, paliun, paliun.
Muere!
Paliun, paliun, paliun, paliun.
Muere!
Ay, qué cosita más mala Romualdo sintió.

En el mar hay picapicas (un tipo de medusas peque-
ñas) que, a pesar de lo que se dice, es decir, que no se
muestran y que no tienen cabeza, manos ni pies, atacan
a Romualdo reduciendo su espalda como la de un nazareno, en referencia a la tortura infligida a Jesucristo
descrita en la Biblia.

Oh, qué será, qué será,
que el agua de esta playa nunca está fría,
que tiene ese pestazo a cañería,
que siempre voy nadando entre porquería,
que tengo que enjuagarme hasta con lejía,
y me doy refregones con estropajo,
porque me salen hongos hasta en el plumero,
y tengo ya más manchas, se lo aseguro,
que un papel de churros.
Qué será, qué será,
que en la arena tampoco se puede parar
porque se ponen con las paletas a jugar
y te saltan un ojo.
Ohh qué será, qué será.
A partir de mañana no vuelve a pisar
Don Romualdo la playa.
A partir de mañana seguro que ya
no le quedan más ganas.
A partir de mañana no podrá olvidar
tan terrible cruzada.
A partir de mañana no se bañará
ni en una palangana.

Lo mismo que si fuera un náufrago
se fue de la playa arrastrándose,
con un cabreo de órdago
y de sus castas acordándose.

En esta secuencia abundan las hipérboles que describen las dificultades de un día de playa: el olor del agua y la suciedad que requiere ser aclarada con lejía y lavada con trapos resistentes hacen que Don Romualdo no volverá a pisar la playa. Como un náufrago, el protagonista de esta cruzada abandona la playa, enfurecido y "de sus castas acordándose": en lenguaje vulgar, acordarse de las castas propias, o de las ajenas, equivale a un insulto.

Termina así nuestro héroe
su jornada cruel y ridícula,
todo lo que ha ido ocurriéndole
no se ve ni en las películas.
Y ya los Cruzados Mágicos
le ponen fin al capítulo,
recogen todos sus bártulos
y se despiden del público.
Qué me gustaría no ir mañana a trabajar
y no tener que dar excusas
para seguir contando las batallitas
que más me gustan.
Te digo adiós, esto se acabó.
Si no gustó, si eso, si eso
no gustó
Po ya me voy, po ya, po ya
ya me voy.
Con Don Simón, con Don, con Don
Don Simón.
Y ahora me iré, eeh, eeh,
a otro lugar, aah, aah,

para luchar, aah, aah.
con mi cruzada me voy a enrollar.
Y volveré, eeh, eeh,
un año más, aah, aah,
que en Carnaval, aah, aah,
pa no venir me tienen que matar.
Lalalara, aah, aah, ...

La chirigota termina con un saludo al público, de la manera atrevida que requiere este tipo de agrupación: con un juego de palabras basado en el tartamudeo, se insertan de nuevo referencias a la sexualidad, con el único objetivo de hacer reír al público; "sieso, poya, condón", en su incorrección gramatical, recuerdan la pronunciación de términos arriesgados, junto con los versos onomatopéyicos que hacen eco de las últimas frases.

Por último, una mención a la importancia del Carnaval: un evento al que sólo se renuncia en caso de muerte.

▲ Una vez terminado el COAC, las agrupaciones salen a la calle para que todo el mundo pueda escuchar sus coplas. En este caso, un coro está actuando fuera de la Plaza del Mercado.

3.3. *Chirigota callejera* 'Las Juanis Joplin', 2020

Como hemos mencionado arriba, hay una tipología de agrupación que, a pesar de no participar en el COAC, es parte viva del Carnaval de Cádiz: se trata de las chirigotas cellejeras (o ilegales). Puede que estas hasta superen en número las agrupaciones oficiales que cada año se exhiben en el Teatro Falla, y es que son ellas las que verdaderamente llenan las calles y las plazas de Cádiz en febrero. Resulta realmente complicado pasear y no toparse con una (sea chirigota o romancero) y ese es el mejor momento para aprovechar y escuchar el ingenio gaditano más puro.

Una de las principales diferencias entre las chirigotas oficiales y las callejeras es la cercanía al público; si las primeras se pueden ver y escuchar en el teatro y hasta por televisión, los componentes de las chirigotas callejeras harán de todo para atraer cuanta más gente posible alrededor de ellos y poder así difundir su repertorio inédito.

En 2020 una de las chirigotas callejeras más aclamadas fue la de 'Las Juanis Joplin', una agrupación compuesta por mujeres de Cádiz (Cadiwoman) quel lleva más de diez años haciendo Carnaval y cada vez tiene el poder de mimetizarse en un tipo, intentando exprimirle todo el jugo posible para que sea divertido y punzante[1]. Será por qué la que escribe este ensayo es muy pero que muy fan de los '60, y en particular de la inmortal Janis Joplin, recuerdo perfectamente el día que bajé a escuchar a esta chirigota poderosa en una callejuela de La Viña. Así fue cómo se presentaron (la canción elegida como base es *Piece of my heart*, de Janis Joplin):

---

1 Susana GINESTA, *Cadiwoman: el Superpoder del Feminismo Chirigotero*, Cádiz, Macnulti Editores, 2019, p. 14.

¡Vamos, vamos, vamos, vamos!
Ya estamos aquí, el festival vamos a abrir
Estamos en Woodstock tan a gusto
porque me he fumao un arbusto
Se respira amor, porque ahí se están liando dos
Vamo a darno abrazos, y cuidao con los rozonazos.

Las Juanis Joplin creen en la paz y en el amor
Aunque haya plaga de facha
y señoritos hartos de jamón
¡Vamos, vamos, vamos, vamos!

Nosotras queremos mucho a todas las personas,
plantas y animales
Queremos hasta la gente de Vox
igual que a los normales
Amamos a los que tienen coraje
a los gays o a las lesbianas
Por eso les dedicamos este beso con ganas.

Los sesenta están de moda porque todo todo vuelve
Los futbolistas con bigote vuelven
Le han quitado a Franco el polvo
y más de uno se ha puesto cachondo
Somos pacifistas, anticapitalistas, antimilitaristas,
feministas, anarquistas y hasta escayolistas.

Las Juanis Joplin quieren destruir las opresiones
Vamos a quemar sostenes,
liberemos todos los pezones
¡Vamos, vamos, vamos, vamos!

Si amas la monarquía, la zarzuela
y la pamplina que tienen to los Borbones
Seguro que no te importa pagarlo tú con tus cojones
Si eres un buen cristiano pero no quieres
al pobre que viene de una patera
Escucha, que ni la Virgen ni Jesús ni el palomo
eran de Utrera.

¡Vamos, vamos, vamos, vamos!
Hippy, nos gusta to lo frito
y el adobo no testado en animales
Hippy, y pa comprar comida hippy
necesito dos avales
Hippy, nos llaman feminazi, perraflauta
y mucho más
Nosotras, nosotras somos más de gato
y de pito de Carnaval.

En esta presentación las Cadiwoman sugieren algunos de los temas centrales de sus letras. En palabras de Susana Ginesta, componente de la chirigota y autora del libro *Cadiwoman: el Superpoder del Feminismo Chirigotero*:

> Cantamos las cosas que nos pasan y lo que vemos a nuestro alrededor, escenificando el costumbrismo desde lo absurdo, intentando ser la *criptonita cojonera* de lo sistemático. […] Cadiwoman para nosotras no es sólo una chirigota, es una manera de hacer activismo feminista desde el humor, también es una catarsis personal que nos permite exorcizar demonios, un espacio de creación y pensamiento desde el cachondeo[2].

La actuación prosigue con una serie de cuplés hilarantes acerca de los temas más variados e intervalados por el estribillo "En Woodstock había empujones por un paquete de Tigretones". Cabe destacar que, si en el Teatro Falla el estribillo se repite pocas veces, en las chirigotas callejeras este se canta con mucha más frecuencia porque la presencia del público a escasos metros (centímetros talvez) y su participación activa en la actuación es fundamental.

---

2 *Ibidem.*

Cuando veo un torero, lo que me produce
Tienen mucho traje, pero pocas luces
Demuestran su valentía, su gran hombría,
que son muy machos
mientras la sangre del pobre toro
a ellos le salpica…
Tienen la picha chica.

Han tocado al Papa, y eso da coraje
Él se ha defendido de forma malaje
Que te toquen sin permiso, ni sin respeto,
que te intimiden es una cosa
muy asquerosa y una locura…
Imagina que lo haga un cura.

Yo soy una curvy, estoy rellenita
Me pesan los huesos, tengo barriguita
Mi cuerpo no se asemeja a los estándares
patriarcales, capitalistas y normativos
que imponen norma…
Yo en verdad estoy gorda.

Ahora el satisfyer se ha puesto de moda
Es una ventosa que te hace chupona
Se tarda quince segundos en tené un orgamo,
es una cosa vista y no vista
y en un suspiro hace que fluya…
No tengo tanta bulla.

Soy ecologista, cuido el medioambiente
Los desodorantes no son convenientes
Yo uso productos bio, piedra de alumbre, nada de spray,
nada de alcol, nada de perfume ni de amoniaco…
Me sigue oliendo el sobaco.

Después de esta primera serie de cuplé, la chirigota
pasa a cantar una copla sobre el tema de la maternidad,

vista y vivida con ojos de mujeres. El título es *"The mamas and the papas aliñas"*. La primera parte parece ser una adoración a la figura del padre, sin embargo la copla adquiere su sentido crítico cuando se comparan los dos papeles: lo fácil que es ser considerado "buen padre" frente a lo difícil que es ser "buena madre".

> Que buen padre es, que buen padre es
> Le hacen la ola si le da de comer
> Luces media tarde, parque Genovés
> Le limpia los mosquitos (qué super-papá)
> portea su bebé (to le queda bien)
> Abre un paquete de gusanitos (uy qué buen recurso)
> le da dos o tres (cuatro, cinco, seis)
> Los dos con lamparones (ya se lavará)
> ay que sexy es…
>
> Hay que ver qué buen padre es
> que no se le ha muerto nunca la criatura
> Pero hazlo tú como madre, a ver qué te dicen,
> a ver cómo te tratan...
>
> Tan tarde y en la calle (qué poca vergüenza)
> va a coger humedad (en Cádiz no hace frío)
> Ponle una rebeca (y un verduguito)
> está malcriá (todo es culpa tuya)
> No le des gusanitos (dale un platanito)
> que no va a comer
> Arréglate un poquito, eres madre y mujer
>
> Mala madre es, mala madre es
> Compréndela un poquito, cambiemos el clichet
> Si olvidó la cartulina (buena madre es)
> no guarda las manualidades (buena madre es)
> Se fue del grupo de WhatsApp (buena madre es)
> se come to los huevos kinder (buena madre es)
> Se va con la chirigota (buena madre es)
> se ha enrollao con medio AMPA…

Y finalmente la conclusión vuelve a cobrar una función irónica y divertida con este juego de palabras, protagonizado por la presencia-ausencia de la /r/

> Si eres mujer te tienen que gustar las cosas de bebé
> Si eres mujer te tienen que gustar las cosas de bebé
> Si eres mujer te tienen que gustar las cosas de bebé

Más cuplé:

> El amor de madre dicen que es muy puro
> Porque como ese, es que no hay ninguno
> Me acerco a su camita, miro durmiendo a mi angelito
> mientras le arropo yo le susurro suave al oído…
> Me tienes hasta el higo.
>
> Cuando te enamoras todo te ilusiona
> Y no ves defectos en la otra persona
> Yo siento unas mariposas, un cosquilleo por la barriga,
> una sensación por todo mi cuerpo que da calambre…
> Yo lo que tengo es hambre.
>
> Del pedo chochero se habla muy poco
> Porque da vergüenza y algo de sofoco
> Cuando tienes relaciones el aire entra y el aire sale
> y hace un sonido fuerte o flojito según tu hueco…
> A mí me suena con eco
>
> Una diputada dijo sin tapujo
> Que coser botones empodera mucho
> Que te sube la autoestima,
> te ves más guapa y más radiante
> a unos niveles que yo jamás pude imaginarme…
> Prefiero masturbarme.
>
> Para relajarme fui a clase de yoga
> Y después a pilates porque está de moda

La pintura sobre piedra también relaja,
no veas el taichí
y yo coloreo mucho mandala pa no estresarme…
Prefiero masturbarme.

He ido a una terapia pa avivar la llama
En las relaciones hay que poner ganas
He roto con la rutina, con los prejuicios, con los tabúes
y con las cosas que a mí me agobian y me acomplejan…
He roto con mi pareja.
…Y prefiero masturbarme.

El final de esta actuación salida directamente de
Woodstock es un homenaje a una de las canciones más
pacifistas jamás escritas: *"Imagine"* de John Lennon,
donde se imagina, con humor, un mundo más feminista.

Imagine un mundo más justo
Un mundo más bonito
Donde los paquetes de papas
Vinieran llenos hasta el filito
Imagine que un aguacate
No cuesta un mes de alquiler

Imagine el PSOE de izquierda
Que tu cuñao te da la razón
Que entre Yoko Ono y John Lennon
Él era el lacio de los dos
Imagine que te dan un euro
Cada vez que escuchas: mamáááááá

Imagina que Trump explota
Que Ortega Smith tiene un hijo gay
Que Carlos Herrera se va a Somalia
Que tener puyones está to' guay
Que el Vaticano es to campo
Que Amancio Ortega solo tiene un refino

Que Jiménez Losantos se desintegra
Que Pérez Reverte usa lenguaje inclusivo

Imagine un buen cunnilingus
Sin instrucciones que dar…

Y que cuando te llamen zorra
Signifique lista y audaz
Imagine que la palabra coñazo
Signifique un coño descomunal

▲ Chapa de la chirigota "Las Juanis Joplin".

4. Conclusión

El Carnaval como medio de comunicación de masas

Lo que se ha destacado en este ensayo es el hecho de que el Carnaval de Cádiz es a todos los efectos un medio de comunicación de masas, diferente de los medios de comunicación convencionales a los que estamos acostumbrados. Desde sus orígenes hasta la actualidad, el carnaval de Cádiz ha generado un incalculable volumen de información en el que sus mensajes en forma de coplas, sus autores y las agrupaciones han ejercido el papel de agentes socializadores con funciones similares a las de los medios de comunicación. La función socializadora ha dotado al Carnaval de legitimidad popular para constituir por sí misma una especie de cuarto poder que, gracias a las redes sociales, supera el ámbito local para alcanzar el global. Las agrupaciones no comparten todas las funciones clásicas de los medios de comunicación, como la educación y el análisis profundo e imparcial de los hechos socioeconómicos más relevantes, pero sobre todo no comparten la función manipuladora, la más temida y criticada por los sociólogos, a través de la cual los medios de comunicación crean una realidad "prefabricada" destinada a persuadir al público[94]. Las coplas, con su estilo único, personal y políticamente incorrecto, comunican, informan y entretienen al público, que paradójicamente sigue el Carnaval con mucho más interés que un telediario: puede ocurrir que un seguidor de las coplas sea capaz de contextualizar hechos históricos, económicos o sociales gracias a la agrupación que los ha mencionado en su repertorio. La gran cantidad de

---

94 Enrico CHELI, *La realtà mediata: l'influenza dei mass media tra persuasione e costruzione sociale della realtà*, Milano, Franco Angeli editore, 1997, p. 173.

textos con los que cuenta el Carnaval de Cádiz forma una hemeroteca inmaterial de la realidad local, nacional e internacional que sitúa los hechos en el tiempo, los descifra y los ofrece a la memoria colectiva: el repertorio de las agrupaciones se interpreta primero en forma de coplas en un teatro y luego se difunde al ámbito metropolitano, provincial, regional e internacional a través de la radio, la televisión o Internet.

Los elementos que conforman el esquema básico de la comunicación y que se encuentran en cualquier proceso comunicativo se encuentran aquí en el mensaje cantado que una agrupación dirige a una audiencia masiva: el emisor envía un mensaje al receptor a través de un canal; este mensaje implica una codificación y una posterior descodificación. Para que el intercambio de información sea eficaz, el código utilizado por el emisor debe ser conocido y compartido por el receptor. Puede haber ruidos que dificulten o interrumpan la comunicación, ya sean semánticos o mecánicos. En este caso, el ruido más probable es el dialecto gaditano, que, cuando se inserta en una estructura musical, se vuelve aún más difícil de entender, especialmente para aquellas personas que no están familiarizadas con él.

Lo que distingue al Carnaval de otras formas de comunicación es su cercanía al público, su sinceridad, a veces rebelde y desvergonzada; son los propios gaditanos 'a dos velas' los que hablan de la actualidad de la ciudad andaluza, de su vida cotidiana, de su propia vida, con libertad, sin miedo a la censura ni a la prohibición.

Anexo

Entrevista a Antonio Montiel Sánchez, Presidente del Aula de Cultura del Carnaval de Cádiz

El Aula de Cultura del Carnaval de Cádiz es una asociación fundada por apasionados del Carnaval, que se reunieron para crear un centro de documentación de la fiesta gaditana por excelencia. Fue fundada en 1994, cien años después del primer COAC. ¿Qué es lo que es lo que os empujó a dedicaros a este trabajo? ¿Por qué nadie lo había pensado antes?

Te voy a contestar con una anécdota que me pasó a mí: en 1988 yo había sacado un coro, "Colorín Colorado", y para saber si ya existía algo con ese nombre me fui al archivo municipal. Había una zona como esta [la entrevista tuvo lugar en un gran despacho, *ed.*] y los libretos tirados en el suelo amontonados desordenadamente.

Ha habido una esquilmación, la gente se llevaba las cosas porque no se les daba importancia. En Cádiz siempre ha habido muchos aficionados que tienen cosas en su casa, a veces verdaderos museos, pero no ha habido por parte de las autoridades municipales ni por parte de ninguna entidad el interés de tener nuestra riqueza cultural guardada, entonces en el año 1994 nos reunimos unos cuantos aficionados a esto, investigadores, apasionados de la historia, de ciencias, archivistas, y decidimos fundar el aula. Le pusimos este nombre para hacer hincapié en que el carnaval es Cultura con 'c' mayúscula. En ese tiempo no se valoraba, y ten en cuenta que en 1994... ya había llovido. En veintiuno años la vida ha cambiado mucho, nosotros nos arriesgamos a definir el Carnaval como cultura popular, y luego el tiempo nos ha dado la razón, pero también podríamos habernos equivocado.

Nosotros con nuestro granito de arena hemos ido contribuyendo a que desde la clase dominante se vea el carnaval como cultura popular. De hecho, pienso que vamos a lograr que la Universidad de Cádiz haga la primera cátedra de Carnaval y cultura popular, ya que a mí me lo ha prometido el Rector. Va a ser la primera cátedra de Carnaval y cultura popular en Europa. En la actualidad sólo hay una en el mundo, en Montevideo, creada por la Unesco; ahí hay un carnaval que hijo del nuestro. Ahora mismo llevamos un año en este centro, antes estábamos en una peña. En un año mira qué cantidad de base de datos de vídeos, imágenes, letras y carteles hemos conseguido guardar en un sitio seguro. Nuestro lema es: "lo que se comparte no se pierde".

Esta historia recuerda la historia del Carnaval en general, poca oficialidad y mucha pasión para conservarlo...

Nunca le ha interesado a la clase dominante permitir el carnaval, de hecho ha habido alcaldes que prohibieron el Carnaval y que hasta lo cambiaron de nombre. Pero en fin, aquí sigue, gracias a la determinación del pueblo y de los aficionados.

El Carnaval de Cádiz puede ser analizado, comentado y vivido de muchas maneras; en mi ensayo se habla de él como medio de comunicación de masas. ¿Cuáles son los puntos fuertes de su comunicación que lo han convertido en una de las fiestas más importantes del país?

El Carnaval de Cádiz es una fiesta única en el mundo, porque tiene una cosa que no tiene ninguna otra fiesta: la copla. El gaditano dice las cosas cantando, y al tener esa idiosincrasia única de cantar las cosas, ha ido creando una cantidad de músicas y de letras totalmente originales que difunden cultura a lo largo de la región, del país y del mundo.

Bartolomé Llompart definió el Carnaval de Cádiz como "Un periodismo cantado", ¿qué piensa de esta definición? A veces se podría pensar que las coplas son un mero desahogo de los autores...

Hay que tener una visión de actualidad. En el tiempo en que Llompart dijo esto era periodista, y veía realmente que las agrupaciones cantaban lo que pasaba en Cádiz, en España y en Andalucía en esos años. De hecho podemos leer en los libretos que subió el gas, que el carbón se puso caro, que la carne escaseaba y la llevaban de Argentina y esto para cualquier historiador es un filón porque tú puedes ir analizando, a través de las coplas, lo que ha ido sucediendo en distintas épocas. Hoy, a raíz de la democracia, y como ya hay libertad de prensa, la gente manifiesta las cosas de otra manera. Antes se enfocaba la atención en otros hechos, se decían las cosas con más finura, con dobles sentidos más obscuros, mientras que hoy las agrupaciones se permiten la libertad de hablar de políticos o personajes famosos sin ningún freno, y hay que entenderlo. A un gaditano todo le da igual, a lo mejor uno de Madrid se escandalizaría y diría "Uy uy uy, ¡lo que ha dicho!".

¿Y no dicen nada los personajes que año tras año se ven ridiculizados?

No, incluso se ríen. Como el gaditano tiene esa chispa de gracia, a lo mejor te está diciendo que eres un hijoputa pero de tal manera que te tienes que reír. Yo no sé cómo funciona en tu tierra, tal vez no puedas decirle "cabrón" a uno porque es un insulto, pero aquí todo el mundo de vez en cuando dice "Picha, ¡que cabrón eres!" y nadie se ofende.

En Italia también se hace mucha sátira y los famosos están acostumbrados, pero la mayoría de las veces, eso no suele ocurrir en fiestas oficiales...

Tranquila, que a esa gente le "chorrea" todo ya que tienen un impermeable muy grande.

¿Cómo ha evolucionado el Carnaval durante los años? ¿Qué cambios negativos o positivos se encuentran?

No podemos decir qué es mejor o peor, sin contemplar la perspectiva histórica. No puedo juzgar sin situarme en el tiempo: yo creo que el carnaval es un ser vivo, y como tal se va adaptando con el tiempo, cogiendo su parte buena y su parte mala.

¿Cuál es la parte negativa? Muchos autores en sus comparsas critican el botellón, por ejemplo...

Te voy a contar una cosa que me ha pasado la semana

pasada, cuando el Aula estaba presentando una agrupación en el tablado de la Plaza de San Antonio: justo debajo del palco había dos niños gritando y pegándose, así que yo los miré y les pedí que se calmaran porque estaban obstaculando la actuación; la madre de los niños me contestó: "Esto es Carnaval, ¡y los niños chillan cuándo y cuánto le da la gana!" ¿Qué puedes decir cuando pasan estas cosas? A mí me gustaría una cosa: que en la Puerta de Tierra [entrada al centro histórico de la ciudad, *ed.*] se pusiera un letrero que ponga "Amo escuchá" porque a Cádiz se viene a escuchar y esto lo deben saber tanto los que vienen de fuera como los que están dentro. Tú puedes beber una, dos o treinta copas, pero escuchando y prestando atención a lo que dicen las agrupaciones.

¿Qué significa el Carnaval de Cádiz para los gaditanos?

La fiesta por excelencia en la que se manifiesta lo que piensa el pueblo de Cádiz y de toda su bahía.

¿Qué es lo más importante que debería saber un neófito del Carnaval?

Las distintas modalidades que existen, y que cada una de las seis (incluyendo las callejeras y los romanceros) expresa sus mensajes en formas muy distintas. El alma del Carnaval de Cádiz son los mensajes de las agrupaciones, porque el cachondeo y la diversión se pueden encontrar en cualquier ciudad del mundo.

El Aula está ahora recogiendo firmas para que el Carnaval sea declarado Patrimonio Inmaterial de la Humanidad, ¿qué implicaría esto para el Carnaval y para Cádiz?

Alcanzar la salvaguardia, y lo curioso es que la Unesco pone como primer criterio de inclusión en el patrimonio la documentación y la protección de los documentos, cosa que ahora mismo en Cádiz sólo lo hacemos nosotros del Aula. Luego nos piden estudios multidisciplinares sobre el Carnaval y yo estoy esperando con ansias que sociólogos, economistas, historiadores hagan algo y contribuyan a este trabajo.

Se han escrito muchos libros sobre el Carnaval de Cádiz, pero hasta ahora no lo había hecho ningún extranjero. Por mi parte agradezco al Aula de Cultura el grandísimo esfuerzo que hacéis para proteger esta fiesta y que permite a gente como yo tener acceso a los documentos más importantes y útiles.

Aquí estamos para ayudar, cualquier pregunta o duda que tengas, te atendemos. Cádiz y su fiesta son pura felicidad y a mí lo que más satisfacción me da es que, como veo, el Carnaval ha logrado hacerte sonreír a ti también.

Cádiz, 26 de febrero de 2015.

Bibliografía

BUTRÓN PRIDA, Gonzalo, "Absolutismo y represión. El Carnaval en Cádiz en la 2da restauración fernandina" in A.A.V.V. *Actas del VI Congreso del Carnaval*, Cádiz, 1992.

CARO BAROJA, Julio, *El Carnaval*, Madrid, Alianza Editorial, 2007.

CERNUDA CALLEJA, José María, *El gobernador Valcárcel (un trozo de historia de Cádiz)*, Cádiz, [s.n.], 1975.

CHELI, Enrico, *La realtà mediata: l'influenza dei mass media tra persuasione e costruzione sociale della realtà*, Milano, Franco Angeli editore, 1997.

DE HOROZCO, Agustín, *Historia de la ciudad de Cádiz*, Cádiz, Excmo. Ayuntamiento, 1845.

ESCORIZA MORERA, Luis, "Voces extranjeras en las letras de Carnaval. Principio de identificación", in A.A.V.V. *Actas del VIII Congreso del Carnaval*, Cádiz, 1998.

GINESTA, Susana, *Cadiwoman: el Superpoder del Feminismo Chirigotero*, Cádiz, Macnulti Editores, 2019.

GONZÁLEZ MARTÍNEZ, Adolfo y PAZ PASAMAR, Jorge Antonio, "Recursos lingüísticos en las coplas del Carnaval de Cádiz", en Alberto González Trayano et. al. (eds.), *Carnaval en Cádiz,* Cádiz, Ayuntamiento de Cádiz, 1983.

JURADO MORALES, José, "Procedimientos, matices y funciones del humor en las letras de Carnaval", en A.A.V.V. *Actas del VIII Congreso del Carnaval*, Cádiz, 1998.

LÓPEZ LOBATO, Eva María, *Cádiz durante la segunda República. Su reflejo en la coplas de Carnaval*, Cádiz, Fundación Gaditana del Carnaval del Excmo. Ayuntamiento de Cádiz, 1998.

LLOMPART BELLO, Bartolomé, *Carnaval en Cádiz*, Cádiz, Caja de ahorros de Cádiz, 1982.

MORENO TELLO, Santiago y RODRÍGUEZ MORENO, José Joaquín, "Bromas, burlas e independencia. Algunas aportaciones al estudio del Carnaval en Cádiz durante la época doceañista", en Alberto Ramos Santana e Alberto Romero Ferrer (eds.), *Cambio político y cultura en la España de entresiglos*, Cádiz, Servicio de publicaciones de la Universidad de Cádiz, 2008.

PAYÁN SOTOMAYOR, Pedro Manuel, "Connotaciones sociolingüísticas en el vocabulario de los hablantes del barrio de la Viña de Cádiz", *Gades*, Cádiz, n. 8, 1981.

PAYÁN SOTOMAYOR, Pedro Manuel, "El habla de Cádiz en las letras de su Carnaval", in Alberto González Trayano et. al. (eds.), *Carnaval en Cádiz*, Cádiz, Ayuntamiento de Cádiz, 1983.

PAYÁN SOTOMAYOR, Pedro Manuel, "Función lúdica del lenguaje carnavalesco", in A.A.V.V. *Actas del V Congreso del Carnaval*, Cádiz, Fundación gaditana del Carnaval, 1991.

PAZ PASAMAR, Jorge Antonio, *La temática de las coplas del Carnaval*, Cádiz, Cátedra Adolfo de Castro Fundación Municipal de Cultura, 1987.

RAMOS SANTANA, Alberto, "Aproximación a una historia del Carnaval gaditano", in Alberto González Trayano et. al. (eds.), *Carnaval en Cádiz*, Cádiz, Ayuntamiento de Cádiz, 1983.

RAMOS SANTANA, Alberto, "Breve historia del Carnaval de Cádiz", in Diario de Cádiz (ed.), *Carnaval en Cádiz*, Cádiz, Federico Joly y Cia. S.A. – Diario de Cádiz, 1993.

RAMOS SANTANA, Alberto, *El Carnaval secuestrado (o historia del Carnaval)*, Cádiz, Quorum Editores, 2002.

RAMOS SANTANA, Alberto, *Historia del Carnaval de Cádiz*, Cádiz, Caja de ahorros de Cádiz, 1985.

RODRÍGUEZ BECERRA, Salvador, "Cultura popular y fiestas", in Michel Drain (ed.), *Los Andaluces*, Madrid, Istmo, 1980.

SACALUGA RODRÍGUEZ, Ignacio, "El Carnaval de Cádiz como generador de información, opinión y entretenimiento. Un ejemplo de comunicación masiva", *Historia y Comunicación Social*, Madrid, v. 18, novembre 2013.

SBARBI Y OSUNA, José María, *Monografía sobre los refranes, adagios y proverbios castellanos y las obras ó fragmentos que expresamente tratan de ellos en nuestra lengua*, Madrid, Ediciones Atlas, 1980.

SOLÍS, Ramón, *Coros y chirigotas*, Madrid, Silex, 1988.

ULLMANN, Stephen, *Semántica. Introducción a la ciencia del significado*, Madrid, Aguilar, 1976.

VILLANUEVA IRADI, Miguel, *El Carnaval de Cádiz durante la 2ᵈᵃ República Española (1931-1936). Ensayo sobre un Carnaval prohibido*, Cádiz, Fundación Vipren, 2007.

ZILBERMANN, Marcos, *El Carnaval de Cádiz*, Cádiz, Organismo Autónomo del Ayuntamiento de Cádiz, 1983.

MÁS LIBROS